12월의 모든 역사

세계사

세계사   12月

12월의 모든 역사

● 이종하 지음

디오네

매일매일 일어난 사건이 역사가 된다

역사란 무엇일까. 우리는 왜 역사에 관심을 갖는 것일까.

이 책을 쓰는 내내 머릿속을 맴돌던 질문이다.

아널드 토인비는 역사를 도전과 응전의 개념으로 설명한 바 있다. 그것은 인류사 전체를 아우르는 커다란 카테고리를 설명하기에는 더없이 좋은 개념이다. 그러나 미시적인 문제로 들어가면 이야기가 달라진다. 나일 강의 범람 때문에 이집트에서 태양력과 기하학, 건축술, 천문학이 발달하였다는 것은 도전과 응전으로 설명이 가능하지만, 예술사에서 보이는 사조의 뒤섞임과 되돌림은 그런 논리만으로는 설명이 안 된다.

사실 역사란 무엇인가에 대한 관심은 대학 시절 야학 교사로 역사 과목을 담당하면서 싹텄다. 교과서에 나와 있는 대로 강의를 하는 것은 죽은 교육 같았다. 살아 있는 역사를 강의해야 한다는 생각에 늘 고민이 깊었다. 야학이 문을 닫은 후에 뿌리역사문화연구회를 만든 것도 그런 고민을 해결하지 못했기 때문이다.

약 10년간 뿌리역사문화연구회를 이끌면서 '어린이와 청소년을 위한 교실 밖 역사 여행' '어린이 역사 탐험대'를 만들어 현장에서 어린이와 청소년을 만났다. 책으로 배우는 역사와 유적지의 냄새를 맡으며 배우는 역사는 느낌이 전혀 달랐다. 불이학교 등의 대안학교에서 한국사 강의를 맡았을 때도 그런 느낌은 피부로 와 닿았다.

그렇다고 역사를 현장에서만 접해야 한다는 것은 아니다. 역사 자체는 어차피 관념 속에 있는 것이며, 그것이 우리에게 구체적으로 구현되는 것은 기록을 통해서이기 때문이다. 역사는 과거이며, 그 과거는 기록으로 존재한다. 그러나 현재에 펼쳐진 과거의 기록은 현재를 해석하는 도구이고, 결국 미래를 향한다.

이 책은 매일매일 일어난 사건이 역사가 된다는 사실에 기초하여, 1월 1일부터 12월 31일까지 일어난 중요한 사건들을 날짜별로 기록한 것이다. 사건의 중요도에 따라 집필 분량을 달리하였으며, 『1월의 모든 역사 - 한국사』『1월의 모든 역사 - 세계사』처럼 매월 한국사와 세계사로 구분하였다. 1월부터 12월까지 총 24권에 걸쳐 국내외에서 일어난 중요한 역사적 사실들을 흥미진진하게 담았다.

이 책에 나와 있는 날짜는 태양력을 기준으로 하였다. 음력으로 기록된 사건이나 고대의 기록은 모두 현재 사용하는 태양력을 기준으로 환산하여 기술하였다. 고대나 중세의 사건 가운데에는 날짜가 불명확한 것도 존재한다. 그것들은 학계의 정설과 다수설에 따라 기술했음을 밝힌다.

수년에 걸친 작업이었지만 막상 책으로 엮으니 어설픈 부분이 적지 않게 눈에 들어온다. 앞으로 그것들은 차차 보완을 거쳐 이 시리즈만으로도 인류 역사의 대부분을 일견할 수 있도록 만들고 싶다.

이 책을 쓰다 보니 매일매일을 성실하게 노력하며 살아야겠다는 생각이 든다. 매일매일의 사건이 결국 역사가 되기 때문이다.

이종하

차례

12월 1일 • 013

영국, 베버리지 보고서를 발표하다 | 남극 조약 체결 | 로자 파크스, 몽고메리 버스 보이콧에 불을 당기다 | 로카르노 조약, 영국 런던에서 정식 체결

12월 2일 • 023

중국 저우커우뎬에서 베이징원인의 화석을 발견하다 | 나폴레옹 1세, 프랑스 황제에 오르다 | 미국의 먼로 대통령, 먼로주의를 발표하다 | 남·북예멘, 통일에 관한 아덴협정 체결

12월 3일 • 031

세계 최대의 환경 재난인 인도 보팔 사고가 발생하다 | 미국의 발명가 토머스 에디슨, 백열전구 발명 발표 | 대인지뢰를 금지하는 '오타와 협약' 체결 | 크리스천 버나드, 세계 최초로 심장 이식 수술 성공

12월 4일 • 039

런던 스모그 사건이 발생하다 | 독일 시인 릴케가 태어나다 | 미국 화성탐사선 패스파인더호 발사 | 영화 「ET」 개봉

12월 5일 • 047

체스 세계챔피언 크람니크, 컴퓨터와의 시합에서 처참하게 패배하다 | 미국 만화영화 제작자 월트 디즈니 출생 | 버뮤다 삼각지대에서 미군 비행기 실종 | 미국, 14년 만에 금주법 해제

12월 6일 • 055

그리스에서 대규모 반정부 시위가 발생하다 | 『브리태니커 백과사전』 초판 출간 | 아일랜드 자유국이 수립되다 | 미국의 일간신문 「워싱턴포스트」 창간

12월 7일 • 063

일본의 진주만 공격으로 태평양 전쟁이 시작되다 | 서독의 빌리 브란트 총리, 폴란드에 사죄 | 유스티니아누스 1세, 동로마제국의 아야소피아 사원 완성

12월 8일 • 069

싯다르타, 35세에 부다가야에서 성불하다 | 교황 비오 9세, 제1차 바티칸 공의회 개최 | 영국 록그룹 비틀스의 존 레논, 총격으로 사망 | 슬라브 3국, '독립국가연합' 창설

12월 9일 • 081

소련 물리학자 안드레이 사하로프, 18일 만에 단식을 중단하다 | 폴란드의 노동운동가 레흐 바웬사, 대통령 당선 | 유엔 총회, 고문 금지 선언 채택 | 아프리카의 탄자니아 독립

12월 10일 • 089

국제연합, 세계 인권 선언을 선포하다 | 아르헨티나 민간 정부 출범 | 제1회 노벨상 수상자 수상

12월 11일 • 097

국제연합, 유니세프를 창설하다 | 영국 의회, 웨스트민스터 법 가결 | 영화 「서부전선 이상 없다」, 독일에서 상영 금지 | 영국왕 에드워드 8세, 결혼하기 위해 퇴위

12월 12일 • 105

장쉐량이 장제스 총통을 감금한 시안 사건이 발생하다 | 세계 최초의 금속제 비행기 융커스 J-1, 첫 비행 성공 | 미 연방대법원, 부시 대통령 후보를 대통령으로 사실상 확정 | 아프리카의 케냐 독립

12월 13일 • 113

난징대학살 사건이 벌어지다 | 교황 바오로 3세, 트리엔트 공의회를 개최하다 | 미국의 노벨 평화상 후보 스탠리 투키 윌리엄스, 사형을 당하다

12월 14일 • 121

스웨덴 탐험가 로알 아문센, 최초로 남극점에 도착하다 | 폴란드에서 12월 사건이 발생하다 | 독일의 물리학자 막스 플랑크, 플랑크 상수 발견 | 러시아 페테르스부르크에서 데카브리스트 봉기 발생 | 영화 「바람과 함께 사라지다」 개봉

12월 15일 • 129

우루과이 라운드 협상이 타결되다 | 아메드 야신, 하마스 창설 | 파트리시오 아일윈, 칠레 민선 대통령에 당선

12월 16일 • 137

보스턴 차 사건이 발생하다 | 영국의 여류 소설가 제인 오스틴 출생 | 영국, 「권리 장전」 공포

12월 17일 • 145

라이트 형제, 세계 최초로 비행에 성공하다 | 남미의 독립운동 지도자 시몬 볼리바르 사망 | 페루 게릴라, 일본 대사관 점거

12월 18일 • 153

미국, 노예제를 공식적으로 폐지하다 | 차이코프스키의 발레 「호두까기 인형」, 러시아 상트페테르부르크에서 초연 | 미국 영화감독 스티븐 스필버그 출생 | 프랑스 일간신문 「르 몽드」 창간 | 미국 워싱턴에서 스미스소니언 협정 체결

12월 19일 • 163

중국 시인 소동파가 태어나다 | 프랑스 샹송 가수 에디트 피아프 출생 | 르윈스키 사건과 관련해 미국의 빌 클린턴 대통령 탄핵안 통과 | 영국의 소설가 찰스 디킨스, 『크리스마스 캐럴』 출간

12월 20일 • 173

미국의 천문학자 칼 세이건이 사망하다 | 베트콩, 베트남민족해방전선 결성 | 포르투갈, 마카오를 중국에 반환하다 | 필리핀 여객선 도나파즈호 침몰 | 미국, 파나마 침공

12月

12월 21일 • 181

메이플라워호, 미국에 도착하다 | 이탈리아 문학가 보카치오가 세상을 떠나다 | 소련 독재자 스탈린이 태어나다 | 팬암 항공기 폭파 사건 발생 | 소련의 11개 공화국, 독립국가연합 창설 | 아서 윈, 최초의 낱말 맞추기 퍼즐 게재

12월 22일 • 191

루마니아의 차우셰스쿠 정권, 집권 24년 만에 붕괴되다 | 러시아 소설가 도스토예프스키, 사형대에 서다 | 유태계 프랑스군 장교 드레퓌스 종신형 선고 | 이탈리아 작곡가 푸치니 출생

12월 23일 • 199

미국 벨연구소, 트랜지스터 개발에 성공하다 | 프랑스 곤충학자 파브르 출생 | 호주, 백호주의 정책 철회 발표 | 일본의 A급 전범 도조 히데키 등 7명 사형 집행

12월 24일 • 207

백인 인종 차별 단체 KKK단이 결성되다 | 프랑스 여객기, 알제리 공항에서 피랍 | 미국의 레지널드 페센덴, 세계 최초로 라디오 방송 성공 | 세계 최초의 캐럴 「고요한 밤 거룩한 밤」 탄생 | 영화 「전함 포템킨」 개봉

12월 25일 • 215

크리스마스 축제가 시작되다 | 영국의 희극배우 찰리 채플린 사망

12월 26일 • 221

세계 최초로 복제 아기가 태어나다 | 인도양 지진 해일 사태 발생 | 미국 제33대 대통령 트루먼 사망

12월 27일 • 227

프랑스의 미생물학자 파스퇴르가 태어나다 | 파키스탄의 전前 여성 총리 베나지르 부토 피살 | 브레턴우즈 협정 발효 | 연극 「피터 팬」, 런던의 극장에서 초연

12월 28일 • 235

인도 국민회의 창립 대회를 개최하다 | 미국의 대표 지성 수잔 손택 사망 | 뤼미에르 형제, 세계 최초의 유료 영화 상영

12월 29일 • 241

하벨, 체코 최초의 비공산당계 대통령에 취임하다 | 미국 운디드니에서 인디언 학살 사건 발생 | 미국, 백악관에 가스등 설치

12월 30일 • 247

소비에트 사회주의 공화국 연방이 수립되다 | 이라크 전 대통령 후세인 사형 집행 | 유럽의 루마니아, 공화국 선언 | 일본 최초의 지하철 개통

12월 31일 • 253

디젤엔진이 발명되다 | 미국 뉴욕에서 신년 전야제 행사가 시작되다 | 스페인 작가 미겔 데 우나무노 사망 | 나폴레옹 1세, 혁명력 폐지 | 러시아 옐친 대통령 사임 | 영국 동인도 회사 설립

12월의
모든 역사

12월 1일

1942년 12월 1일

영국, 베버리지 보고서를 발표하다

'전체적으로 사회 보험을 재검토해야 할 시간이 왔다. 모든 제도들을 통합하여 빈곤에서 벗어날 수 있는 급여를 지급하며, 사회 보험 제도는 국가와 고용주 및 종업원들의 기여금으로 충당되어야 한다.'

-베버리지 보고서

1941년 1월, 영국의 사회재건 장관 아서 그린우드(Arthur Greenwood : 1880~1954)는 노동조합 대의원 총회에서 국민보험 정책들을 전체적으로 다시 검토하라는 압력을 받았다. 이에 따라 관련 부처 공무원으로 구성된 '사회 보험 및 관련 서비스에 관한 위원회'가 설치되었고, 그린우드는 경제학자 윌리엄 베버리지(William Henry Beveridge : 1879~1963)에게 위원장을 맡도록 요청하였다. 이때부터 베버리지는 영국의 사회 보험을 연구하게 되었다.

베버리지는 1879년에 태어나 옥스퍼드 대학교에서 수학을 공부하고 1903년에 토인비 홀에서 사회사업가로 일하였다. 1905년에는 신문에 사회복지에 관한 글을 썼으며 독일의 사례를 연구하기도 하였다. 그러다 당시 국회의원이었던 윈스턴 처칠(Winston Leonard Spencer Churchill : 1874~1965)의 눈에 들어 1919년까지 상공부 등에서 공무원 생활을 하였다. 이후 런던 대학교와 옥스퍼드 대학교에서 교수로 있었으나, 제2차 세계 대전이 일어나면서 다시 공무원이 되어 1941년 6월 위원장직에 올랐다.

당시 영국은 제2차 세계 대전 중이었고, 처칠 수상이 전시내각을 이끌고 있었다. 전쟁으로 인해 국민 모두가 어느 정도 신체적 건강 수준을 유지해야 했고, 특정 계층을 위한 복지가 아닌 모든 영국인을 대상으로 하는 평등한 복지 서비스가 요구되고 있었다.

베버리지 위원회는 1941년 7월부터 활동을 시작하였다. 베버리지는 우선 세 가지 원칙으로부터 출발하였다. 첫째, 어떤 제안들도 과거 경험을 고려해 만들어져야 하며 특정집단의 기득권은 무시해야 한다는 것이다.

둘째, 소득의 보장, 즉 사회 보장을 위한 그의 계획은 근본적으로 궁핍을 퇴치하는 것이다. 그러나 재건의 길에는 궁핍want, 질병disease, 무지 ignorance, 불결squalor, 나태idleness라는 5대 악들이 있었다. 그는 5대 악을 처리 하기 위해서는 하나의 통합적인 사회 개량 계획이 필요하다고 하면서 궁핍을 공격하는 계획 이외에는 아무런 다른 방법이 없다고 했다. 베버 리지는 그것이 바로 사회 보장 계획이라고 주장했다.

셋째, 사회 보장은 국가와 개인의 협력으로 이루어져야 한다는 것이 다. 국가는 국민이 권리로서 받을 수 있는 서비스에 대한 보장을 해 준 다. 그러나 이것은 최저 수준의 보장이고 개인은 자발적인 기여로서 그 스스로와 가족을 위하여 추가적 보장을 마련해야 한다.

그리고 베버리지는 사회 보험이 성공하기 위해서는 가족수당, 포괄 적인 보건 서비스, 완전고용이라는 세 가지 기본 전제조건이 필요하다 고 생각하였다. 가족수당은 가족의 크기와 소득을 고려하여 결정되어 야 하고, 보건 서비스는 치료적일 뿐만 아니라 예방적이어야 했다. 실 업은 실업수당 비용과 그에 따른 임금 손실을 감안하면 가장 낭비적인 문제이므로 완전고용은 매우 중요한 전제조건이었다.

이 주장을 토대로 「사회 보험 및 관련 서비스」라는 보고서, 일명 베 버리지 보고서가 1942년 9월에 완성되었다. 하지만 그 내용이 지나치 게 혁명적이라고 주장한 정치인들이 있어 12월 1일이 되어서야 발표될 수 있었다. 보고서가 나오자마자 2실링의 가격으로 약 6만 부가 순식간 에 팔려 나갈 정도로 영국인들의 관심은 대단했다. 신문들은 베버리지 보고서를 '요람에서 무덤까지'의 사회 보장이라고 선전했다. 전쟁의 홍 보를 담당하는 공무원들 역시 베버리지 보고서를 크게 반겼다.

하지만 보고서를 실행해야 하는 정부는 무척 곤란했다. 처칠 수상은 베버리지의 계획대로 한다면 세금을 30%나 올려야 한다며 불편한 마음을 드러냈고, 부수상인 클레멘트 애틀리(Clement Richard Attlee : 1883 ~1967)는 계획에는 찬성하나 아직은 때가 아니라고 말했다.

결국 베버리지 보고서는 곧바로 실행될 수 없었지만 이 보고서가 발표된 뒤 많은 사회 보장법이 제도화되었다. 그리고 1945년 7월에 있었던 총선거에서 베버리지 보고서를 즉시 실천하겠다고 한 노동당이 압도적인 승리를 거둠으로써 베버리지의 계획이 실천에 옮겨질 수 있었다.

1880년대에 독일에 의해 처음으로 도입된 사회 보험 제도들은 20세기 들어와 제1, 2차 세계 대전과 경제 공황을 겪으면서 빠른 속도로 확산되었다. 특히 베버리지 보고서는 세계 자본주의 국가들이 사회 보장 제도를 확립하는 데 큰 영향을 주었으며, 제2차 세계 대전이 끝난 이후부터 1975년까지 이르는 기간은 복지국가의 황금기로 불렸다.

그러나 1973년에 발생한 오일 쇼크와 국가 간의 지나친 경쟁으로 복지 국가의 기반은 흔들리기 시작했고, 1970년대와 1980년대에 '복지 국가의 위기'라는 상황을 맞이하였다.

1959년 12월 1일

남극 조약 체결

'프랑스에 속하는 몇 군데 섬을 제외하면 사람이 살고 있는 남극 지방의 모든 땅은 이미 영국의 것이다. 그러므로 영국 정부는 남극 지방이 대영제 국에 포함되는 것이 바람직하다는 결론에 도달했다.'

-1920년 영국의 식민지 담당 차관이 호주에 보낸 비망록

영국은 제1차 세계 대전이 끝나자 새로운 영토를 찾고 있었고 남극을 주목하게 되었다. 영국은 호주와 뉴질랜드가 남극에 가깝다는 것을 이용하였다. 1923년 영국은 뉴질랜드 정부의 승인을 얻어 '남극해에서 영국 왕의 영토는 동경 160도와 서경 150도 사이, 남위 60도 남쪽에 있는 모든 섬과 영토를 포함한다'고 하였다.

10년 후인 1933년에는 동경 160~45도 사이, 남위 60도 남쪽 지역을 호주의 남극권 영역이라고 주장하였는데, 남극 대륙의 40%에 해당하는 지역이었다.

하지만 영국의 주장이 그대로 통할 수가 없었다. 프랑스, 노르웨이, 호주, 뉴질랜드, 아르헨티나, 칠레 등도 남극 대륙의 주인이라고 나섰다. 특히 남극 대륙과 가까운 칠레와 아르헨티나는 서양 제국들의 주장에 크게 반발하였다.

칠레는 1940년 11월 칠레령 남극 영토의 확립을 선언했으며, 아르헨티나는 남극 대륙 근처 오크니 제도의 하나인 로리 섬에 기지를 설치하였고, 별도로 우체국까지 두었다. 이외에 독일이 제2차 세계 대전 중에 퀸 모드 랜드에 1.5m 길이의 다트를 떨어뜨려 나치를 상징하는 기호를 새겨 놓기도 하였다.

그런데 세계 대전을 거치는 동안에 또 다른 나라가 남극 대륙에 큰 관심을 보였는데, 바로 미국이었다. 1939년 미국의 프랭클린 루즈벨트(Franklin Delano Roosevelt : 1882~1945) 대통령은 정부 지원으로 공식적인 남극 탐험대를 허가했다. 전쟁이 끝나자 미국은 사상 최대의 남극 탐사 계획을 세워, 13척의 선박과 4,700명의 인원, 수상 비행기 8대를 동원하여 남극 탐사에 나섰다.

남극 영유권을 주장하는 국가가 늘어나면서 국제 분쟁의 위기가 고

조되자 미국의 드와이트 아이젠하워(Dwight David Eisenhower : 1890~
1969) 대통령이 다자간 회의를 제안하였다. 결국 1959년 10월 워싱턴
에서 남극 조약 회의가 개최되었고, 같은 해 12월 1일 남극 대륙의 국
제법상 지위를 규정하고 평화 목적을 위한 남극 이용, 자유로운 연구,
환경 보호, 비핵화의 내용을 담은 남극 조약이 체결되었다.

남극 조약이 체결될 수 있었던 것은 1957년 7월부터 이듬해 12월까
지의 기간 동안 국제학술 연합회의의 주관으로 이루어진 국제지구물리
관측년IGY 계획이 큰 역할을 하였다. 여기에 참가한 과학자들은 지구와
지구 환경을 체계적으로 연구하기 위해서는 정치적 목적이 개입되어서
는 안 된다고 주장하였다. 또한 과학자들은 사상과 국적을 떠나 협력하
였다.

그 결과, 1957년 영국의 해럴드 맥밀런(Maurice Harold Macmillan : 1894
~1986) 총리는 호주에서 기자 회견을 갖고 남극 문제 해결을 위한 2대
원칙을 제시하였다. 그것은 남극이 군사적 목적으로 개발되어서는 안
된다는 것과 과학자들 간의 자유로운 교환을 보장해야 한다는 것이다.

영국의 제의에 미국도 호응하였고, 남극 조약에 관한 내용이 국제지
구물리관측년에 참가한 11개 나라에 전해져 조약의 체결에 이르게 된
것이다.

* 1957년 7월 1일 '국제지구물리관측년 개시' 참조
* 1991년 10월 4일 「환경 보호에 관한 남극 조약 의정서」 통과' 참조

1955년 12월 1일

로자 파크스, 몽고메리 버스 보이콧에 불을 당기다

"나는 매일 백인 학생들이 탄 버스들이 지나가는 것을 봤어요. 그러나 그
것은 우리가 선택할 수 없는 그런 인생이었고 이것은 당연하게 받아들여
야만 했지요. 그 버스는 내게 세상이 검은 세상과 하얀 세상으로 나뉘어
있다는 것을 실감하게 된 계기였습니다."

-로자 파크스

'현대 민권 운동의 어머니' 로자 파크스(Rosa Louise McCauley Parks :
1913~2005)는 1913년 2월 4일에 앨라배마 주 터스키지에서 목수인 아
버지와 교사인 어머니 사이에서 태어났다. 원래 이름은 로자 루이즈 맥
콜리Rosa Louise McCauley이다.

그녀는 부모의 이혼으로 어머니와 함께 앨라배마 주 몽고메리 근처
의 파인 레벨로 이사를 오게 되었다. 이후 앨라배마 주에 있는 흑인교
원대학에 입학했으나 할머니와 어머니를 돌보기 위해 중퇴하였다.

그리고 1932년에 레이먼드 파크스와 결혼하였다. 레이먼드는 유
색인의 지위 향상을 위한 국가 협회NAACP에서 활동하였다. 그녀 또한
NAACP의 몽고메리 지부에 가입하였다. 로자는 남편의 외조로 1933년
에 고등학교 교육을 마칠 수 있었다. 당시에는 약 7%의 아프리카계 미
국인만이 고등학교 이상의 학력을 가지고 있었다.

그러던 1955년 12월 1일, 로자 파크스는 앨라배마 주 몽고메리에서
백인 승객에게 자리를 양보하라는 버스 운전사의 지시를 거부하였고,

결국 이것 때문에 경찰에 체포되었다. 몽고메리 버스 보이콧 운동의 시작이었다. 이후 이 사건은 382일 동안이나 계속되었다.

흑인 민권 운동가인 마틴 루터 킹(Martin Luther King : 1929~1968) 목사가 동참하면서 이 운동은 정점을 맞았다. 이로써 몽고메리 보이콧 운동은 결국 아프리카계 미국인의 인권과 권익을 개선하고자 하는 미국 민권 운동의 시초가 되었다. 하지만 이후 그녀는 직장을 잃었으며 남편 또한 직장을 그만두어야만 하였다.

로자 파크스는 1957년부터 이 사건을 알리기 위해 각지를 돌며 연설하였다. 1965년에 아프리카계 미국 하원의원인 존 콘이어의 비서로 고용되어 1988년에 은퇴할 때까지도 이 일을 계속하였다.

1995년에 회고록 『조용한 힘』을 출간하였고, 1997년에는 자서전 『로자 파크스 : 나의 이야기』를 내놓았다.

2005년 10월 24일 92세로 사망하였다. 그녀의 시신은 31번째로 미의회 의사당 옆에 있는 캐피톨 힐에 안장되었는데, 여성으로서는 첫 번째이고 흑인으로서는 두 번째였다.

* 1956년 11월 13일 '미국 법원, 공공버스의 인종 차별은 위헌이라는 판결을 내리다' 참조
* 1968년 4월 4일 '미국 흑인 인권 운동가 마틴 루터 킹 목사가 피살되다' 참조

1925년 12월 1일

로카르노 조약, 영국 런던에서 정식 체결

1925년 10월 26일 영국 · 독일 · 프랑스 · 이탈리아 · 벨기에가 스위스의 로카르노에서 모여 중부 유럽의 안전 보장에 대해 논의하였다. 그결과, 각국 간 국경의 현상 유지 및 국가 간 상호 불가침, 분쟁 시 평화적 해결 등을 주된 내용으로 하는 로카르노 조약이 그해 12월 1일 영국 런던에서 정식으로 체결되었다.

이 조약은 영국 · 프랑스 · 독일 · 이탈리아 · 벨기에 5개국 간의 집단 안전보장조약과, 독일과 벨기에, 독일과 프랑스, 독일과 폴란드, 독일과 체코슬로바키아 사이의 중재재판조약 등 5개 조약과 2개 협정으로 구성되었다. 제1차 세계 대전 후의 집단안전보장조약으로서는 최대의 성과라 할 수 있는 조약이었다.

또한 이 조약이 성립됨에 따라 독일과 서부유럽 간 관계의 호전을 기대할 수 있게 되었다. 하지만 1936년 3월 독일 나치당 총수 아돌프 히틀러(Adolf Hitler : 1889~1945)는 일방적으로 로카르노 조약을 파기하면서 라인란트를 침공하였다. 1939년에는 폴란드를 침공하였다.

이후 로카르노 조약은 유명무실하게 되었다.

12월의
모든 역사

12월 2일

■
·
■

1929년 12월 2일

중국 저우커우덴에서 베이징원인의 화석을 발견하다

중국의 저우커우덴周口店을 점령한 일본군은 1941년 12월 베이징원 인이 보관되어 있던 협화의원協和醫院의 대금고를 열었다. 그런데 유 골은 이미 사라지고 없었다. 유골은 2012년 현재까지 발견되지 않 고 있다.

중국 지역에서 가장 오래된 인류는 1965년 윈난성雲南省 위안머우현元謨縣에서 발견된 위안머우런元謨人이다. 약 170~60만 년 전에 활동한 것으로 보이는 이들은 빙하기가 끝날 무렵에 사라진 것으로 보인다. 하지만 남자의 앞니 화석 2개만 발견되어 구체적인 모습은 알 수 없다.

이에 앞서 1929년 12월 2일 60만 년 전에 살았던 것으로 보이는 베이징원인北京原人이 저우커우뎬에서 발견되었다. 저우커우뎬은 중국 베이징 남서쪽 약 5km 지점에 있다. 발견 당시 탄광 마을이었던 저우커우뎬에서는 '용골龍骨'이라 부르는 동물의 뼈들이 발견되어 한약 재료로 쓰이고 있었다.

위안스카이 정권의 광공업 고문으로 중국에 머물고 있던 스웨덴의 지질학자 요한 군나르 안데르손(Johan Gunnar Andersson : 1874~1960)은 이 소식을 듣고 저우커우뎬의 동굴을 찾아왔다. 1927년 앤더슨은 인류의 화석으로 보이는 어금니 뼈를 발견하였다. 그는 중국의 학자들과 발굴을 계속하여 마침내 베이징원인의 화석을 발견하였다. 중국의 고고학자인 페이원중(裵文中 : 1904~1983)이 30m 깊이의 동굴 밑바닥에서 완전한 원인의 두개골을 발굴한 것이다.

해부학 교수이자 인류학자였던 데이비드슨 블랙(Davidson Black : 1884~1934)은 이 유골이 50만 년 전 구석기인의 것이라고 판정하였다. 그는 대나무 주걱을 가지고 손상 없이 이 두개골에 붙은 흙을 제거하는 데에만 4개월을 보냈다.

베이징원인이 발견되기 이전인 1891년 무렵에 에른스트 헤켈(Ernst Heinrich Haeckel : 1834~1919)이 자바원인(Java Man : 피테칸트로푸스 에렉투스)의 화석을 발견하였는데, 베이징원인의 발견으로 비슷한 시기 자바원인의 화석도 인류의 화석으로 인정되었다. 이후 저우커우뎬 발굴을 통해 14개의 두개골 상부를 비롯하여 하악골, 안면골, 사지뼈, 40 인의 치아 등이 발견되었다.

베이징원인의 뇌 용량은 850~1300cc로 현 인류의 2/3 수준인데, 특히 후두부後頭部가 발달되어 있다. 감정이나 추리, 언어 등과 관련된 활동이 많아져 창조적인 지식 활동과 의사전달이 크게 발전하였을 것으로 보인다. 이들의 키는 152cm 정도이며, 직립하여 걸어 다녔던 것으로 보인다.

저우커우뎬에서는 사람의 뼈뿐만 아니라 많은 동물의 뼈와 뗀석기 (타제석기)가 발견되었는데, 이를 통해 보면 베이징원인들은 초원에 살고 있는 말이나 사슴 같은 초식동물과 호랑이 같은 육식동물을 사냥한 것으로 보인다. 또한 저우커우뎬에서 불에 탄 물건들이 발견되어 이 당시 불을 사용하였을 것으로 추정되고 있다.

독일의 인류학자인 프란츠 바이덴라이히(Franz Weidenreich : 1873~ 1948)는 베이징원인이 자바원인과 같은 종류일 뿐만 아니라 식인食人의 습관이 있었다고 주장하였다.

* 1921년 4월 18일 '스웨덴의 고고학자 안데르손, 중국 양사오 문화 유적을 발견하다' 참조

1804년 12월 2일

나폴레옹 1세, 프랑스 황제에 오르다

"우리는 원래 바랐던 것보다 더 많은 것을 해 버렸다. 프랑스에 '왕'을 다

시 세우려고 했으나 결국 '황제'를 세우고 말았다."

-조르주 카두달

나폴레옹 1세(Napoléon I : 1769~1821)는 이집트 원정 도중인 1799년 10월 프랑스로 돌아와 11월 쿠데타를 일으켜 통령정부를 세웠다. 그리고 12월에 선거를 통해 10년 임기의 제1집정관이 되었다.

그는 공화제를 가장한 독재 정치를 폈지만, 세금을 낮추고 재판을 엄격히 하였으며 국민 교육 제도를 도입하기도 하였다. 그리고 교황과의 관계를 개선하여 가톨릭 신도들의 환영을 받았다.

1802년에는 영국과 아미앙 조약을 맺어, 유럽에서 프랑스의 권위를 인정받았다. 하지만 1804년에 왕당파의 나폴레옹 암살 음모가 밝혀지자 당수였던 조르주 카두달을 처형했다. 그해 3월에는 독일에 살고 있던 부르봉 가문 출신의 앙기앵 공작도 총살했다.

당시 원로원 의원이었던 조제프 푸셰(Joseph Fouche : 1759~1820)는 왕당파의 의도를 꺾기 위해 나폴레옹을 황제로 만들려고 했다. 푸셰는 나폴레옹에게 황제가 될 것을 건의했고 이에 나폴레옹은 동의하였다. 결국 5월 18일에 원로원은 새 헌법을 승인하였고, 7월에 실시된 국민 투표에서 프랑스 국민들은 압도적인 지지를 보냄으로써 나폴레옹을 황제로 받아들였다. 그리고 12월 2일 파리의 노트르담 대성당에서 화려한 대관식을 가졌다.

나폴레옹은 대관식에 교황 피우스 7세(Pius VII : 1742~1823)를 초청하였다. 교황의 기름 붓는 의식이 끝나자 나폴레옹은 직접 왕관을 썼고 교황은 새 황제를 안아 주는 것으로 만족해야 했다. 오스트리아의 정치가인 프리드리히 폰 겐츠(Friedrich von Gentz : 1764~1832)는 이를 보고

"혁명이 합법화되고 끝내 신성화되었다고"고 비판하였다. 제정帝政이 수립되자 나폴레옹의 독재 체제는 더욱 굳어졌다.

* 1796년 3월 11일 '나폴레옹, 이탈리아 원정을 시작하다' 참조
* 1798년 5월 19일 '나폴레옹, 이집트 원정 출정' 참조
* 1798년 7월 21일 '나폴레옹, 이집트 원정 중 카이로에 입성' 참조
* 1804년 3월 21일 '나폴레옹 법전 발표' 참조
* 1806년 11월 21일 '프랑스의 나폴레옹 1세, 대륙봉쇄령 발표' 참조
* 1808년 5월 3일 '프랑스의 나폴레옹 군대, 스페인 마드리드 시민 학살'
  참조
* 1815년 2월 26일 '나폴레옹, 엘바 섬에서 탈출' 참조
* 1815년 6월 18일 '프랑스의 나폴레옹, 워털루 전투에서 패배하다' 참조

1823년 12월 2일

미국의 먼로 대통령, 먼로주의를 발표하다

1823년 12월 2일, 미국의 제임스 먼로(James Monroe : 1758~1831) 대통령은 의회 연두교서에서 유럽 제국의 아메리카 대륙에 대한 불간섭, 아메리카의 비식민지화, 미국의 유럽 불간섭 등을 근간으로 하는 미국 외교의 기본 정책을 발표했다. 이른바 '먼로주의'의 선언이었다.

이 선언은 유럽 제국이 중남미의 독립을 방해하고 세력을 확대하려는 것에 반대한 선언이다. 미국의 국력이 증대하자 중남미에 대한 유럽의 간섭을 미국 자신이 물리쳐야 한다는 주장을 내세운 것이다.

이후 먼로주의는 1840년대에 아메리카 대륙에서 미국의 확장을 방해하는 세력을 배제하는 주장의 근거로서 이용되었다. 또한 19세기 말부터 20세기 초반에는 아메리카 대륙에서 자국의 정치적 우월성을 유럽에 대해 주장하고, 미국만이 질서 유지자로서 간섭할 수 있다는 입장의 근거가 되는 등 새로운 의미가 부여되었다.

비록 먼로주의는 미국 외교 정책의 일방적 표현에 지나지 않았지만 실제적인 효과는 충분히 있었다.

──

1981년 12월 2일

남 · 북 예멘, 통일에 관한 아덴협정 체결

──

예멘은 제1차 세계 대전이 끝난 후 영국에 의해 남북으로 나뉘었다. 그 후 1967년 남예멘이 영국의 통치에서 벗어나 공산 정권을 수립하면서 자본주의의 북예멘과 대립하였다.

그러나 탈냉전의 분위기와 주변 아랍국의 권유로 남북 사이에는 화해가 조성되었다. 이에 1981년 11월 북예멘의 살레 대통령이 남예멘을 처음으로 방문하였고, 12월 2일에 양측은 남북 통일을 밝힌 아덴협정을 체결하였다. 이어 1983년에는 예멘 최고평의회가 구성되어 통일 작업이 구체화되었다.

예멘은 1986년 남예멘에서 일어난 쿠데타를 잘 극복하여 1990년 5월에 통일할 수 있었다.

* 1990년 5월 22일 '남 · 북 예멘 통일' 참조

12월의
모든 역사

12월 3일

■
■
■

1922년 12월 3일

세계 최대의 환경 재난인 인도 보팔 사고가 발생하다

-인도 보팔 사고로 인해 오염된 식수를 마셔야만 하는 주민들의 항의 시위. 21012년 현재에도 보팔 지역의 수자원은 여전히 오염됐고 마시기에 부적합하다고 판명이 났다.

인간이 개발에만 몰두하고 환경에 무관심할 때 어떤 대가를 치러야 하는가를 극명하게 보여 준 대규모 참사가 인도 보팔 시市에서 발생했다.

인구 100만 명이 밀집해 사는 보팔 시에는 미국의 다국적기업 유니언 카바이드사社가 운영하는 농약 제조 공장이 자리 잡고 있었다. 하지만 시민들은 이처럼 위험한 시설이 자신들의 주변에 있는지조차도 모르고 있었다.

1984년 12월 3일 새벽, 농약 제조 원료인 맹독성 유독가스 메틸이소시안MIC이 공장에서 누출되기 시작하였다. 높은 압력과 저온 상태를 항상 유지해야 하는 저장 탱크의 안전수칙을 지키지 않아 발생한 것이었다. 게다가 조기 경보 체제도 제대로 작동하지 않았다. 결국 불과 2시간 만에 36만t이나 되는 엄청난 양의 가스가 도시 전체를 뒤덮었다.

아무것도 모른 채 깊은 잠에 빠져 있던 사람들은 하나둘 깨어났다. 하지만 깨어난 이들은 매캐한 가스 냄새 때문에 숨을 제대로 쉴 수가 없었다. 결국 이날 하루에만도 2,800여 명에 이르는 사망자가 발생하였다. 3일이 지나자 사망자는 8,000여 명으로 불어났다. 이후에 숨진 사람까지 포함하면 사망자는 무려 2만 5,000명에 달하였다.

결국 보팔 시 인구의 절반 이상이 가스 중독으로 인한 피해를 본 것으로 보고됐다. 이 사고는 환경 재난 중 가장 많은 희생자가 난 사상 최악의 가스 누출 사고로 기록되었다.

이에 보팔 시민 58만 3,000여 명이 33억 달러의 피해 보상을 청구하였다. 하지만 농약 공장주인 유니언 카바이드사는 3억 5,000만 달러를 제시하였다. 이처럼 보상액이 큰 차이를 보인 것은 사고의 원인을 각각 현지인 노동자의 태업과 회사 측의 부실한 안전 관리 부실이라고 주장하였기 때문이다.

결국 1989년 법원은 시민들이 요구한 금액의 12분의 1에 불과한 4억 7,000만 달러를 보상하고, 공장을 폐쇄·철수한다는 조건으로 사고를 종결시켰다. 사망자 1인당 1,300달러, 부상자 1인당 550달러씩 돌아가는 데 그친 턱없이 부족한 액수였다. 1989년에 발생한 엔론사의 알래스카 기름 유출사고에는 50억 달러의 보상금이 나갔었다. 더군다나 이 사고에는 인명피해가 없었다. 해달 한 마리당 940달러의 보상금이 나간 꼴이었다.

주민들의 시위가 연일 일어났다. 이에 인도 법원은 1992년에 사고 당시 유니언카바이드사의 최고경영자이던 워런 앤더슨과 8명의 간부들에 대해 과실치사 혐의로 출두 명령을 내렸다. 하지만 미국 정부는 유니언카바이드사가 인도의 재판관할권 아래 있지 않다고 주장하며 앤더슨 등에 대한 신병 인도를 거부하였다.

결국 사고 발생 30여 년이 지난 2012년 현재도 제대로 된 보상과 책임자 처벌은 이루어지지 않고 있다. 사고를 일으킨 유니언 카바이드사의 공장 내 창고 등에는 아직도 425t이 넘는 유독성 폐기물들이 처리되지 않은 채 방치되고 있다. 자연 생태계 훼손도 심각해 독성물질이 지하로 스며들고 있다. 지하로 스며든 물은 수은과 중금속, 오염물질과 뒤섞여 시민들의 식수로 사용 중이다.

다국적 기업의 공해 산업 수출 문제는 생명을 위협하는 요소로 전 세계 곳곳에 도사리고 있다.

—

1879년 12월 3일

미국의 발명가 토머스 에디슨, 백열전구 발명 발표

—

"당신은 만 번이나 실패했지만 하나도 배우지 못했네요."

에디슨이 백열전구 발명을 성공하기 전, 어떤 사람이 에디슨을 비난하며

말하였다. 이에 대해 에디슨은 다음과 같이 대답하였다.

"틀렸어요. 나는 백열전구를 발명할 수 없는 1만 가지 방법을 배웠답니다."

1800년대 초반부터도 전구의 형태는 있었다. 유리에 싸인 횃불 수준

의 아크 등, 병 속에 전기 램프를 켠 형태의 밀봉 전구 등이다. 1811년

에는 영국의 화학자 험프리 데이비(Humphry Davy : 1778~1829) 경이

안전등을 발명하였다. 그러나 실생활에서 이용하기에는 너무 빨리 탄

다는 단점이 있었다.

'탄소 필라멘트를 쓰면 전구의 수명이 늘어난다'는 보도를 접한 미국

의 발명가 토머스 에디슨(Thomas Alva Edison : 1847~1931)은 탄소 필라

멘트 개발에 나섰다. 그는 '탄소 성분의 실'을 만들기 위해 백금에서 자

신의 머리카락까지, 1만 번이 넘는 실험을 했다. 그래서 마침내 유리구

안에 대나무로 된 필라멘트를 넣으면 타지 않는다는 사실을 알아냈다.

1879년 10월 21일 에디슨은 40시간 동안 켜 있을 수 있는 탄소 필

라멘트를 사용한 백열전구를 만들었다. 그리고 그 업적을 그해 12월 3

일 뉴저지 주에 있는 먼로파크 연구소에서 발표하였다. 1880년 말에는

1,500시간을 견디는 16와트 백열전구를 만들었다.

이에 대해 독일의 역사학자 에밀 루트비히는 "프로메테우스가 불을

발견한 이후 인류는 두 번째 불을 발견한 것이다. 인류는 이제 어둠에
서 벗어났다.”고 평가하였다.

* 1847년 2월 11일 ‘미국 발명가 토머스 에디슨 출생’ 참조

1997년 12월 3일

대인지뢰를 금지하는 ‘오타와 협약’ 체결

화약을 넣은 지뢰가 처음으로 사용된 것은 13세기 후반 중국 송나라
와 몽골 기마병의 전투 때였다. 이후 지뢰는 제1차 세계 대전을 거치며
본격적으로 사용되었다.

그러나 세계 대전이 종결된 이후에도 지뢰는 많은 사람들을 위협하
는 괴물로 남았다. 지뢰로 인해 목숨을 잃거나 불구가 되는 사람이 매
년 2만 6,000여 명이나 발생한 것이다. 특히 그중에서 75%는 지뢰를
장난감으로 오인한 어린이들이었다.

이에 1997년 12월 3일 세계 125개국 정부 대표가 캐나다 오타와에
모여 ‘대인지뢰의 사용과 비축 · 생산 · 수출입을 금지하는 조약’에 서
명하였다. 일명 ‘오타와 협약’으로 불리는 이 조약에 따라 이들 서명국
은 4년 안에 보유하고 있는 대인지뢰를 모두 폐기하고 10년 안에 매설
된 지뢰를 모두 제거하기로 하였다.

이후 33개국이 추가로 가입해 156개국이 가입하였다. 협약 덕분에
지뢰 피해는 감소하여 2008년에는 5,197명으로 줄어들었다.

하지만 대인지뢰 하나를 제거하는 데 300~1,000달러가 든다는 이유

로 2012년 현재에도 전 세계 60여 개 국에 1억 개가 넘는 지뢰가 매설 또는 방치되어 있다. 또한 남북한을 비롯해 미국 · 러시아 · 중국 · 인도 등 39개국은 오타와 조약에 가입도 하지 않고 있다.

1967년 12월 3일

크리스천 버나드, 세계 최초로 심장 이식 수술 성공

크리스천 네이틀링 버나드(Christiaan Neethling Barnard : 1922~2001)는 남아프리카공화국 출신의 심장외과 의사였다. 그는 인공 심장판막을 개발하였으며 개를 대상으로 심장 이식 수술에 대한 연구를 했다.

1967년 12월 3일에 그는 교통사고로 뇌사 상태에 빠진 25세 여성의 심장을 55세의 남성 심장병 환자에게 이식하는 수술을 하였다. 세계 최초의 심장 이식 수술이었다. 하지만 18일 뒤에 이식 거부 반응으로 환자는 사망하고 말았다.

이후 심장 이식 수술은 발전을 거듭해 환자의 생존 기간이 점점 늘어났다. 버나드에게 수술 받은 환자 중에는 이식된 심장을 달고 23년 동안 생존한 사람도 있었다.

2012년 현재는 심장 이식 수술 성공률이 90%에 달한다.

한편 버나드는 2001년 심장마비로 사망했다.

12월의
모든 역사

12월 4일

1952년 12월 4일

런던 스모그 사건이 발생하다

스모그(smog)는 연기를 뜻하는 'smoke'와 안개를 뜻하는 'fog'의 합성어이다. 대기 속의 오염물질이 안개 형태의 기체가 된 것을 말한다. 스모그의 종류에는 공장과 가정의 매연이 원인인 런던형 스모그와 자동차 배기가스가 요인인 LA형 스모그가 있다.

영어 'smoke'(연기)와 'fog'(안개)의 합성어인 스모그smog는 18세기 유럽에서 산업 발전과 인구 증가로 석탄 소비량이 늘어나면서 생겨난 용어이다.

1872년에 영국 런던에서는 스모그에 의한 사망자가 243명이나 발생하여 큰 충격을 주었다. 그러나 사람들에게 스모그를 가장 강하게 각인시킨 사건은 1952년 12월 4일부터 9일까지 닷새 동안 발생한 '런던 스모그 사건'이다.

1952년 12월 4일 영국 런던의 쾌청하던 날씨가 정오쯤 되자 짙은 안개로 바뀌었다. 기온마저 영하로 떨어졌다. 날이 저물고 한기가 돌자 800만 런던 시민들은 석탄을 마구 때기 시작하였다. 하지만 지면 근처 대기 온도가 상층보다 낮은 기온역전 현상으로, 굴뚝에서 뿜어져 나온 연기는 땅 위에 낮게 깔리기만 했다. 이로 인해 런던 시민들은 밤새 콜록거렸다.

이튿날인 12월 5일, 도시가 스모그에 덮였다. 한치 앞을 분간할 수 없는 스모그에 보행자의 통행조차 어려웠다. 차량들은 대낮에도 전조등을 켰다. 이때까지만 해도 런던 시민들은 별다른 걱정을 하지 않았다. 평소 짙은 안개에 익숙한 때문이었다.

그러나 런던 교외 역에서 열차 충돌 사건이 일어나고, 템스 강에서 증기선 충돌 사고가 잇따르자 런던 시민들은 문제의 심각성을 인식하기 시작하였다. 병원마다 환자들이 실려 왔고, 가축들도 호흡 곤란으로 쓰러졌다. 결국 저항력이 약한 아이나 노약자들이 기관지와 호흡기 질환, 폐렴으로 죽기 시작했다. 굴뚝 수십 만 개가 내뿜은 연기 속의 아황산가스가 안개와 뒤섞여 황산으로 변해 호흡기 장애를 일으킨 것이었다.

12월 9일 남서풍이 불면서 스모그가 빠져나갔다. 하지만 5일간의 스모그로 인해 915명의 런던 시민이 목숨을 잃었다. 12월 말까지 사망자 수는 4,000명을 넘었다. 또한 이듬해에는 8,000여 명이 만성 폐질환으로 인해 추가로 사망하였다. 이 피해는 런던 교외는 물론 영불 해협을 넘어 프랑스 · 벨기에 · 네덜란드의 기후에도 영향을 미쳤다.

이후 날씨와 기후, 환경 보전에 대한 국제적 협력의 필요성이 크게 부각되었다. 그래서 1953년 5월에 엔지니어 출신인 휴 비버 경이 이끄는 '비버 위원회'가 실태 조사를 실시하고 보고서를 만들었다. 이 보고서를 바탕으로 1956년 매연 · 굴뚝 높이 · 매연 지구 등을 강력하게 규제하는 「대기정화법」이 제정되었다.

이 법에 따라 영국 정부는 난방연료를 천연가스로 대체하고 공장을 이전하는 등의 노력을 기울였다. 하지만 1956년 1월과 1957년 12월, 1962년 12월에도 런던에서는 대규모의 스모그가 발생하였다.

ㅡ

1875년 12월 4일

독일 시인 릴케가 태어나다

ㅡ

"주여, 때가 왔습니다.

지난여름은 참으로 위대했습니다.

당신의 그림자를 해시계 위에 얹으시고 들녘엔 바람을 풀어놓아 주소서.

마지막 과일들이 무르익도록 말해 주소서.

이틀만 더 남쪽 나라의 날을 베푸시어 과일들의 완성을 재촉하시고,

독한 포도주에는 마지막 단맛이 스미게 하소서.

-마리아 라이너 릴케, 「가을날」

사랑하는 여인을 위해 장미꽃을 꺾다가 가시에 찔려 죽었다는 라이너 마리아 릴케(Rainer Maria Rilke : 1875~1926)는 1875년 12월 4일 프라하에서 태어났다.

아버지는 퇴역 군인으로 철도회사에 근무하였고 어머니는 황제 고문관의 딸이었다. 릴케의 아버지는 릴케를 11세에 육군유년학교에 들어가도록 했다. 하지만 '어린 시절의 감옥'이라고 부를 정도로 군대 생활은 악몽이었다. 결국 16세 때인 1891년에 사관학교를 그만두고 실업학교에 다녔다. 이 무렵 로온펠트라는 여인을 알게 되어 1894년에 처녀시집 『인생과 소곡』을 그녀에게 바쳤다.

릴케는 1895년에 프라하에 있는 카렐 대학교에 들어가 독일문학과 미술사를 공부하였으며, 22세이던 1897년에 루 살로메(Lou Andreas-Salome : 1861~1937)를 만나 시인으로 성장하는 데 큰 도움을 받았다. 1906년에는 일기 형식의 소설인 『말테의 수기』를 발표하여 당시 독일인들의 죽음과 불안, 고통과 절망에 대한 갈등을 나타냈다.

1912년에는 유럽의 명문 가문인 탁시스 후작부인을 알게 되어 두이노 성을 방문하였고, 이곳에서 『두이노의 비가』 중 제1과 제2를 완성하였다. 1919년 6월 스위스 발리스 지방의 뮈조트 성에 머문 그는 『두이노의 비가』를 완성하고 『오르페우스에게 바치는 소네트』 55편을 지었다.

1926년 12월 29일 릴케는 인생의 최후를 맞이하는데, 백혈병으로 고생하면서도 '고유한 자기의 죽음'을 맞기 위해 마취제 사용을 거부하였다. 그리고 다음과 같은 묘비명을 지었다.

장미여, 오 순수한 모순이여, 수많은 눈꺼풀 아래 누구의 잠도 아닌 즐거움이여.

1996년 12월 4일

미국 화성탐사선 패스파인더호 발사

미국은 화성을 탐사하기 위한 계획을 세우고 '선도자'라는 뜻의 무인 탐사선 패스파인더Pathfinder호를 발사하였다. 1996년 12월 4일의 일이었다.

패스파인더는 과거 다른 우주 탐사선과 다르게 화성에 생명체가 있는지를 밝히고 과학기지 건설을 위한 각종 조사 작업을 수행하기 위해 발사된 것이었다.

우주 로켓 발사 역사상 최초로 착륙선에 에어백을 장착한 패스파인더는 발사된 지 7개월 만인 1997년 7월 1억 9,100만km 거리의 화성에 도착했다. 직경 1m가량의 풍선 24개에 의존해 광활한 아레스 밸리스 평원에 연착륙한 것이다.

패스파인더호에서는 곧 소형 로봇 소저너가 나왔다. 소저너에는 3차원 컬러 카메라, 흙이나 바위의 성분을 냄새로 알아 낼 수 있는 후각 장치 등이 설치되어 있었다. 이 로봇은 약 두 달 동안 초속 1cm 정도의 속도로 돌아다니며 지질 탐사 활동을 벌였다. 이를 통해 1만 장에 달하는 화성 표면 사진과 400만 건 가량의 대기·기상 정보가 지구로 전송되었다.

학자들은 탐색한 자료를 토대로 화성에 물이 존재했었다는 결론을 내렸다.

* 1997년 7월 5일 '미국 무인 탐사선 패스파인더호, 화성에 착륙하다' 참조

1982년 12월 4일

영화 「ET」 개봉

1982년 12월 4일 미국의 영화감독 스티븐 스필버그(Steven Spielberg : 1946~)가 만든 영화 「ET」가 개봉되었다. ET는 'The Extra Terrestrial'의 약칭으로, 외계인이란 뜻이다.

「ET」는 개봉 1개월 만에 흥행 수입 1억 달러를 넘어섰고, 3개월 만에 2억 9,000만 달러를 벌어들였다. 이는 조지 루카스(George Lucas : 1944~)가 만든 「스타워즈」의 기록을 깬 것이었다.

「ET」는 작고 흉측한 모습의 외계인이 UFO를 타고 지구에 낙오됐으나 한 소년의 도움으로 다시 자기의 행성으로 돌아간다는 내용이다. 외계인과 소년 사이의 행성을 뛰어넘은 우정이 복잡한 세상을 살아가는 현대인들에게 감동을 주었다는 평가를 받았다.

1994년에 미국의 『엔터테인먼트 위클리』가 조사한 바에 따르면 미국인 2억 9,600만여 명이 영화관, 또는 홈비디오를 통해 「ET」를 본 것으로 나타났다. 할리우드 영화사상 미국 관객이 가장 많이 본 영화였다.

12월의
모든 역사

12월 5일

■
·
■

—

2006년 12월 5일

체스 세계챔피언 크람니크, 컴퓨터와의 시합에서 처참하게 패배하다

—

-왼쪽부터 차례대로 킹, 룩, 퀸, 폰, 나이트, 비숍

체스chess는 가로와 세로가 각각 8줄씩 64칸으로 배열된 격자 보드에서 두 명의 플레이어가 말들을 규칙에 따라 움직여 싸우는 경기이다.

경기 참가자는 1개의 킹과 퀸, 2개의 룩, 나이트와 비숍 그리고 8개의 폰으로 구성된 총 16개의 말을 가지고 경기를 시작한다. 말들의 움직이는 방향이 전부 다르고 이 말들을 이용하여 킹을 도망가지 못하게 하면 경기에서 승리한다.

1997년 5월 러시아 출신의 세계 체스 챔피언 게리 카스파로프(Garry Kimovich Kasparov : 1963~)와 아이비엠IBM 컴퓨터 딥 블루Deep Blue 사이에 대결이 펼쳐졌다. 결과는 카스파로프의 패배였다. 인간과 기계가 처음으로 벌인 머리싸움에서 컴퓨터가 인간을 이김에 따라 온 세계가 깜짝 놀랐다. 이는 1956년부터 독립된 학문으로 발족한 '인공지능'의 힘이었다.

2002년 10월에는 러시아 출신의 챔피언인 블라디미르 크람니크(Vladimir Borisovich Kramnik : 1975~)와 독일의 슈퍼컴퓨터 딥 프리츠Deep Fritz가 승부를 펼쳤다. 독일 RAG그룹의 후원으로 만들어진 컴퓨터 프로그램 딥 프리츠는 초당 400만 개의 수를 읽는 노트북 컴퓨터용 체스 프로그램에 불과하였다. 하지만 이 경기에서도 컴퓨터가 승리하였다

세 번째 대결은 2003년 1월 미국 뉴욕에서 펼쳐졌다. 바로 카스파로프와 딥 주니어Deep Junior의 경기였다. 이스라엘에서 개발된 딥 주니어는 딥 블루보다 100배가량 수를 읽는 속도가 느렸다. 그런데도 카스파로프는 이 경기에서 지고 말았다. 그리고 그해 11월에 열린 네 번째 대결에서는 X3D 테크놀로지社가 개발한 X3D 프리츠와 카스파로프가 무승부를 기록하였다.

다섯 번째 대결은 2005년 12월 복식 대항전으로 스페인에서 열렸다. 아랍에미리트연합의 컴퓨터 선수 셋과 세 명의 인간 체스 대가들이 맞붙었다. 하지만 이 대회에서 인간은 컴퓨터에 철저하게 농락당하였다. 전체 전적은 5승 6무 1패로 컴퓨터의 승리였다.

그 후 2006년 11월 25일부터 12월 5일까지 11일 동안 독일 본에서 크람니크와 딥 프리츠가 2002년에 이어 다시 격돌하였다. 크람니크는 컴퓨터의 인공지능 작동 원리를 파악하기 위해 컴퓨터 체스 프로그래머의 특별지도를 받기도 했다. 딥 프리츠는 수를 읽는 능력이 초당 800

만 개로 2002년 때보다 두 배나 향상되었다.

이들은 2주 동안 여섯 차례 맞붙었다. 첫 시합에서 크람니크는 컴퓨터가 읽지 못하는 공격의 수를 사용했다. 그렇지만 안타깝게도 무승부였다. 둘째 시합에서는 크람니크가 실수해 딥 프리츠가 승리하였다. 그리고 셋째와 넷째 그리고 다섯째 시합은 모두 무승부를 기록하였다.

크람니크는 한 번을 지고 네 차례나 비겼기 때문에 마지막 시합일인 12월 5일에 기대를 걸었다. 하지만 이날도 크람니크가 패배하였다. 인간의 피로도를 고려해 격일로 경기를 치렀음에도 불구하고 결국 크람니크는 2002년 대결 때보다 훨씬 저조한 성적인 6전 4무 2패를 거두었다. 컴퓨터가 인간을 뛰어넘은 것이다.

아무리 컴퓨터라고 해도 통합적인 사고는 불가능할 것이기에 이날의 경기가 백중세일 것이라고 예상한 도박사들의 추측은 완전히 빗나갔다.

하지만 인공지능을 지닌 컴퓨터라 할지라도 아직까지 사람처럼 보고 듣고 말하고 생각하는 수준까지는 발전하지 못하였다. 사람의 뇌를 본떠야 함에도 우리가 아직 뇌의 수수께끼를 완전히 이해하지 못하고 있기 때문이다.

인공지능은 의사나 체스 선수 등 특정분야 전문가들의 문제 해결 능력을 본뜬 컴퓨터 프로그램, 곧 전문가 시스템expert system의 개발에는 성과를 거두었다. 그러나 보통 사람들이 일상생활에서 겪는 문제를 처리하는 능력을 프로그램으로 실현하는 데는 한계를 드러내고 있는 것이다.

* 1997년 5월 11일 '컴퓨터 딥 블루, 세계 체스 챔피언에게 승리' 참조

1901년 12월 5일

미국 만화영화 제작자 월트 디즈니 출생

"꿈을 현실로 만드는 것은 사람이다. 꿈꿀 수 있는 것은 이룰 수 있는 것이다. 나는 꿈을 꾸었고 꿈을 신념으로 삼아 위험과 고통을 이겨냈다."

월트 디즈니(Walter Elias Disney : 1901~1966)는 자기가 흥행사업가일 뿐이지 예술가는 아니라고 했다. 하지만 그는 「미키 마우스」「백설공주」「메리 포핀스」와 놀이공원인 '디즈니랜드'를 성공시킴으로써 예술가들이 꿈꿀 수 있는 환상의 세계를 이루어갔다.

디즈니는 1901년 12월 5일 미국 시카고에서 태어났다. 디즈니의 어릴 적 모습은 어두웠다. 농장에서 힘든 일을 마치면 아버지는 종종 아이들을 교육시킨다면 매를 들었다. 8세의 디즈니는 헛간에서 형 로이와 함께 허리띠를 휘두르는 아버지의 체벌을 견뎌야 했다. 매를 다 맞고 나면 형은 훌쩍이는 어린 동생을 '내일이면 괜찮아질 거야'라며 달랬고, 그러는 사이에 동생은 어느새 잠에 빠지곤 했다.

얼마 지나지 않아 아버지의 매도 그쳤지만 힘든 일이 줄어든 것은 아니었다. 신문을 돌려야 했고, 학교에 다녀야 했다. 어린 디즈니의 학교 성적은 중간에도 이르지 않았지만 책 읽는 것을 좋아했고, 그림 그리는 것에 약간의 소질을 보였으며, 연극 놀이를 좋아했다. 그리고 그때 대부분의 아이들이 그랬듯이 찰리 채플린(Charles Spencer Chaplin : 1889~1977)을 동경했다.

스무 살도 되지 않은 1918년에 디즈니는 자원병으로 제1차 세계 대

전에 참가하였는데, 그때 크래커(허풍장이)라는 별명의 병사와 함께 독
일군이 쓰던 헬멧이라고 떠들면서 헬멧을 팔기도 하였다. 하지만 이것
은 크래커가 헬멧에 총알이 지나간 구멍을 가득 뚫어 놓은 것을 디즈
니가 그럴싸하게 독일군의 문장을 그려 넣은 것에 불과했다. 그래도 이
'전리품'들은 잘 팔려 나갔고 1년 후 제대할 때는 300달러나 되는 큰돈
을 벌었다. 제대 후 디즈니는 상업예술가의 꿈을 꾸었다.

　"밤늦게 일을 하고 있으면 휴지통에 생쥐가 모여들곤 했습니다. 그러던 어
　느 날 그놈들을 잡아 새장 속에 집어넣고 쳐다보았습니다. 그중 한 마리하
　고는 꽤 친해졌고요. 그리고 1928년에 아내와 함께 기차 여행을 하던 중
　에 쥐를 주인공으로 만화를 만들면 어떨까 하는 생각이 들더군요. 아내에
　게 생각을 얘기하고 '모티머'라는 이름이 어떠냐고 했더니 '미키Mickey'가
　더 좋은 것 같다고 말했죠."

　디즈니는 '미키 마우스'가 탄생하게 된 일화를 이렇게 소개했다. 하
지만 미키의 모습은 디즈니의 동료 만화가인 어브 이워크스(Ubbe Eert
Iwerks : 1901~1971)가 그린 것으로 보인다. 이워크스의 아들이 이렇게
말했다.

　"미키는 아버지가 만들어 낸 인물이 확실해요. 아버지가 미키를 구상하는
　동안 디즈니가 지켜보고 있었죠. 기록보관소에서도 이 사실을 인정해요."

　아무튼 미키 마우스는 최초의 유성만화영화인 「증기선 윌리」(1928)
에 등장하면서 큰 성공을 거두었고 디즈니를 성공의 길로 인도했다.

'미키 마우스'는 브리태니커 백과사전에 당당히 자기 이름을 올렸으며, 1932년 디즈니는 미키 마우스를 만든 공로로 아카데미 명예상을 받았다. 미국의 언론인 밥 그린은 미키의 매력을 이렇게 말했다.

"미키는 순수의 상징이다. 그는 우리가 잃어버린 것들을 표현한다. 그는 세상사가 얼마나 소박하고 즐겁고, 어둠 속에서도 자유로운지를 보여 주고 있다."

디즈니는 말년에 정치적인 보수성과 만화에 보이는 폭력성으로 많은 비판을 받았지만, 흥행사업가로서는 큰 성공을 거두었고 그 자신도 만족하였다.

1945년 12월 5일

버뮤다 삼각지대에서 미군 비행기 실종

1945년 12월 5일 버뮤다 삼각지대에서 미국의 해군 비행기 6대가 한꺼번에 실종되었다. 이날 오후 2시 10분경, 훈련 비행을 위해 편대장 찰스 테일러 대위가 지휘하는 제19편대 어벤저 어뢰폭격기 5대는 플로리다 주 포트로더데일 기지에서 이륙하였다. 하지만 오후 4시 25분께 5대의 비행기와 함께 조종사 9명이 모두 실종되었다. 더구나 사고지점으로 갔던 구조비행기마저 흔적 없이 사라져 버렸다.

미국은 항공기와 선박을 동원해 대대적인 수색 작전을 펼쳤다. 그러나 비행기의 잔해나 시신의 흔적은 보이지 않았다. 이 사건 이후 이 지역에서는 이런 해괴한 사건이 끊이지 않았다. 보고된 바로는 20대 이상의 비행기와 50척 이상의 배가 사라졌다고 한다. 그 뒤로 이곳에는 '마의 삼각지대'라는 별명이 생겼다.

이 지역에서 실종 사건이 빈발하는 원인은 밝혀지지 않았다. 그에 따라 UFO에 의한 납치 등등의 괴담이 끊이지 않았다. 한편 2010년 8월에 호주 모내시 대학교의 조세프 모니건 교수는 메탄가스로 인한 자연현상 때문이라는 논문을 발표하기도 하였다.

1933년 12월 5일

미국, 14년 만에 금주법 해제

술의 제조·판매·수송을 법으로 금지하여 술을 마시지 못하게 하려는 금주법the prohibition law은 동양과 서양을 막론하고 시행된 사례가 있다.

미국 역시 1919년 10월 수정헌법 제18조에 근거하여 0.5도 이상 알코올이 함유된 술을 제조하고 판매하지 못한다는 금주법을 발표하였다. 이 조치는 교회가 중심이 되어 벌인 금주운동과 미국에서 술을 만드는 독일계 양조업자에 대한 반감이 작용한 것이었다.

그러나 술은 암흑계 세계를 통해 은밀하게 거래되었으며, 술집은 오히려 더 늘어났다. 결국 1933년 12월 5일을 기해 미국 대부분의 주에서 금주법이 해제되었다.

* 1919년 10월 28일 '미국 금주법 시행 세칙 발효' 참조

12월의
모든 역사

12월 6일

■
·
·
■

2008년 12월 6일

그리스에서 대규모 반정부 시위가 발생하다

-아테네 시 경찰 본부 앞에서 시위하는 학생들

　2008년 12월 6일 저녁 9시경, 그리스 아테네 중심부 엑사르키아에 있는 한 가게 앞에서 특수 경호원 2명이 경찰차를 타고 가던 중 근처 길거리를 지나는 소년들과 마주쳤다. 경찰 본부는 경호원들에게 소년들과 접촉하지 말고 해당 지역에서 즉시 철수할 것을 명령하였다. 그러나 이들은 이에 복종하지 않았으며, 차에서 내려 소년들과 욕설을 주고받기 시작했다.

　상황이 험악해지자 급기야 경호원 한 명이 소년들을 향해 총을 쏘았다. 총을 맞은 16세의 알렉산드로스 그리요로풀로스는 인근에 있는 병원으로 급히 옮겨졌으나 사망하고 말았다.

　경찰 조사에서 경호원들은 소년들이 돌과 병을 계속 던졌기 때문에 방어 목적으로 총 3발을 쏘았다고 주장했다. 그것도 두 발은 위협용으로 공중에, 나머지 한 발은 땅에 쏘았다는 것이었다. 경찰 측 변호사 역시 탄도를 분석한 결과 소년은 직접 날아온 총알이 아니라 반사된 탄환에 맞은 것이라고 했다.

　하지만 목격자들은 경호원들이 소년들로부터 어떤 물리적 위협이나 공격도 받지 않았다고 증언했다. 오히려 소년들에게 접근해서 그들을 도발할 목적으로 먼저 욕설을 했다는 것이었다. 총 또한 소년들을 직접 겨냥하여 사격했다고 말했다.

　소년의 사망 소식이 알려지자 분노한 청년들이 길거리로 쏟아져 나오면서 대규모의 반정부 시위가 시작되었다. 이후 시위는 총소리와 사건 현장이 담긴 동영상이 인터넷 등을 통해 유포되면서 그리스 제2의 도시 테살로니키를 포함한 그리스 전역으로 빠르게 확산되었다.

　시위 확산 배경에는 정부의 연금 개혁 조치 실패와 부패, 경찰에 대한 불신, 경제난에 따른 높은 청년 실업률 등이 복합적으로 작용했다.

앞서 그해 10월, 신민주당 정권이 정부 소유의 아테네 올림픽 선수촌 아파트와 수도원의 값싼 땅을 맞바꾸고 뒷돈을 챙긴 것이 드러난 것도 시위 확산에 한몫을 하였다.

12월 10일이 되자 아테네에 위치한 의회 의사당 앞에서 1만 명 이상의 시위대가 총리 퇴진을 요구하며 행진했다. 시위대 중 일부는 경찰에게 화염병과 돌을 던졌고, 이에 경찰이 최루탄을 쏘며 맞섰다. 또한 그리스의 양대 노조는 이날 하루 동안 정부의 연금 개혁 및 경제 정책에 항의하는 24시간 총파업을 벌였다. 그리스의 공항과 학교, 병원, 대중교통 등이 마비 사태를 빚었다.

또한 이스탄불, 런던, 파리, 로마, 베를린, 프랑크푸르트, 마드리드, 바르셀로나, 보르도, 코펜하겐, 세비야, 레프코시아, 파포스 등 그리스 국외 여러 도시에서도 연대 투쟁이 동시다발적으로 일어났다.

그리스의 일간신문 「카티메리니」는 이를 '그리스 역사에 있어 1974년 군사독재정권 몰락 이후 최악의 소요 사태'라고 표현하였다.

—

1768년 12월 6일

『브리태니커 백과사전』 초판 출간

—

1768년 12월 6일 영국의 윌리엄 스마일이 사회 전반의 현상을 모은 『브리태니커 백과사전』 초판 제1권을 출간하였다. 초판 제목은 『브리태니커 백과사전 ― 새롭게 집대성한 예술 · 과학 사전』이었다.

당시 영국인들의 감격은 이루 말할 수 없었다. 철학자 볼테르(Voltaire : 1694~1778)와 경제학자 케네(Franeois Quesnay : 1694~1774)가 집필

하고 달랑베르(Jean Le Rond d'Alembert : 1717~1783)가 편찬한 프랑스의 『백과전서』에 버금가는 책이 나왔다며 자부심이 대단했다.

18세기를 지배한 대영제국 힘의 근원은 『브리태니커 백과사전』이었다는 말이 퍼질 정도로 사전의 인기는 좋았다. 이 인기에 힘입어 『브리태니커 백과사전』은 20여 년이 지나지 않아 20권짜리로 늘어났다.

하지만 이후 『브리태니커 백과사전』의 소유권이 미국의 유통업체 시어스로벅앤드컴퍼니로 넘어갔다. 그리고 스위스의 영화배우이자 사업자인 자크 사프라에게 다시 넘어가면서 인기는 하락 추세로 돌아섰다.

결국 2012년 3월 『브리태니커 백과사전』은 종이책 출간을 중단했다. 현재는 유료로 가입한 회원만 온라인으로 내용을 볼 수 있다.

—

1921년 12월 6일

아일랜드 자유국이 수립되다

—

아일랜드는 12세기부터 사실상 영국의 지배를 받아 왔다. 그러나 1801년 영국이 본격적으로 아일랜드를 병합하여 영국 · 아일랜드 연합왕국을 탄생시켰다. 이때부터 아일랜드에서는 가톨릭 신앙의 자유와 자치독립을 요구하는 운동이 시작되었다.

1916년 4월 '아일랜드 공화주의 형제단Irish Republican Brotherhood'은 시민군 1,600명과 함께 더블린을 포위한 부활절 봉기를 일으켰다. 이 봉기에서 무장 투쟁 전통을 가진 공화주의가 아일랜드 정치의 전면에 부각되었다.

그리고 마침내 1922년 12월 6일 '영국 · 아일랜드 조약'이 조인됨으로써 아일랜드 자유국이 수립되었다. 이로써 북아일랜드 6개 주를 제외한 아일랜드 26주는 영국 자치령과 동등한 지위를 보장받게 되었다. 이때 영국은 대영제국의 자치령으로 남는 것을 조건으로 아일랜드 주둔 영국군을 철수시켰다.

이후 아일랜드는 1949년 4월 영연방으로부터도 독립해 아일랜드 공화국으로 탄생하였다. 하지만 북아일랜드는 계속 영국령으로 남게 되었다. 이에 반발한 구교도의 북아일랜드인들은 아일랜드 공화국군(IRA)을 결성하여 무장 독립 투쟁을 벌였다. 그리고 1998년 영국과 북아일랜드 사이에 북아일랜드 평화 협정이 체결됨으로써 갈등은 잠잠해졌다.

* 1916년 4월 24일 '아일랜드 시민군, 부활절 봉기' 참조
* 1922년 8월 22일 '아일랜드 독립운동가 마이클 콜린스 피살' 참조
* 1949년 4월 18일 '아일랜드 공화국, 영국 연방에서 독립' 참조
* 1981년 5월 5일 '아일랜드공화국군 보비 샌즈, 옥중에서 단식 투쟁 중 사망하다' 참조
* 1979년 8월 27일 '아일랜드 공화국에서 폭탄 테러가 발생하다' 참조

1877년 12월 6일

미국의 일간신문 「워싱턴포스트」 창간

"신문은 진실을 추구하면서 공공 이익을 위해 필요하다면 물질적 이득을 희생할 준비가 돼 있어야 하며, 공공 문제를 다루는 데서 특정 이익 집단의 편에 서지 않고 공정하고 자유로우며 건강해야 한다."

-유진 마이어

「워싱턴포스트The Washington Post」는 1877년 12월 6일 미국 민주당계 기관 지로 창간되었다. 하지만 이후 재정이 악화되어 해튼에게 매각되면서 보수적인 신문으로 바뀌었다.

정부의 입장을 충실히 따랐던 「워싱턴포스트」는 결국 독자들이 외면 하였고, 1933년에 금융업자였던 유진 마이어(Eugene Isaac Meyer : 1875 ~1959)에게 경영권이 넘어갔다. 그는 신문 제작의 독립에 대한 7가지 원칙을 발표하면서 독립적인 논설과 정확한 보도 기사를 쓰는 데 역점 을 두었다.

그 결과, 독자들이 다시 돌아왔고 정부 기관지라고 비난받으면서 실 추되었던 명예도 회복되었다. 특히 1970년대 초 국방부 비밀 문건과 리처드 닉슨(Richard Milhous Nixon : 1913~1994) 대통령의 사임을 불러 온 워터게이트 사건을 보도하여 1973년에 퓰리처상을 받았다.

당시 사주였던 필립 그레이엄(Philip Leslie Graham : 1915~1963)이 워 터게이트 사건 취재로 압력을 받으면서도 편집국에 정확한 보도만을 당부한 사실은 널리 알려져 있다.

* 1973년 4월 30일 '미국의 닉슨 대통령, 워터게이트 사건 책임을 물어 보좌 관과 법률 고문 해임' 참조
* 1973년 5월 17일 '미국, 워터게이트 사건 청문회가 개시되다' 참조

12월의
모든 역사

12월 7일

■
·
■

1941년 12월 7일

일본의 진주만 공격으로 태평양 전쟁이 시작되다

"1941년 12월 7일, 바로 어제는 영원히 수모의 날로 기록될 것입니다. 진주만은 주도면밀한 공습을 당했습니다."
미국의 루즈벨트 대통령은 라디오 연설을 통해 일본의 공습을 국민들에게 알렸다.

1941년 12월 5일 저녁, 하와이 호놀룰루에 있는 일본 영사관의 부영사인 모리무라 이토는 도쿄에서 날아온 긴급 전문을 받았다. 진주만에 어떤 군함이 배치되어 있는지 한 치의 오차도 없이 조사하여 다음 날 오후 6시까지 보고하라는 내용이었다. 바로 24시간 전에 코드집과 중요한 서류를 불태운 모리무라는 이 전문이 무엇을 의미하는지 잘 알았다.

그리고 12월 7일 일요일 아침, 평온하던 진주만은 삽시간에 불바다로 변했다. 일본의 기습공격으로 미국 전함 8척, 비행기 292대가 파괴되었으며 미국인 2,400여 명이 사망했다. 일본의 진주만 공습으로 제2차 세계 대전의 무대는 태평양으로 확대되었다.

이에 앞서 1941년 10월에 고노에 내각이 물러나고 도조 내각이 등장하면서 일본과 미국의 전쟁은 어느 정도 예견되어 있었다. 육군대장 출신인 도조 히데키(東條英機 : 1884~1948)는 미국의 태도에 강한 불만을 가지고 있었다. 애초 일본의 해군 지휘관들은 미국 해군과 전쟁을 벌이기에는 많이 부족하다고 느끼고 있었지만, 도조 내각은 전쟁을 일으킴과 동시에 미국의 주력함대를 파괴하면 승리할 수 있다고 판단하였다.

1939년 8월에 연합함대 사령관이 된 야마모토 이소로쿠(山本五十六 : 1884~1943)는 기동연습을 통해 자신감을 가지고 있었다. 미국 공습에 반대하는 사람들을 설득하여 결국 1941년 11월 3일에 본영으로부터 전쟁 승인을 받아냈다. 12월 1일에 도조 수상은 "대일본제국은 바야흐로 흥패의 갈림길에 섰다"고 말하였다. 그리고 이튿날 야마모토는 기동함대 사령관 나구모 주이치(南雲忠一 : 1887~1944) 제독에게 작전 개시를 명령하고 이렇게 소리쳤다.

"하와이 공습, 드디어 내 꿈을 실현할 때가 왔다."

　일본의 진주만 공습은 전술적으로는 큰 성공을 거둔 것이었으나, 전략적으로는 중대한 실책을 저지른 것이었다. 진주만 공습으로 미국인들은 단결하였고 세계 대전 당시 비교적 중립적인 위치에 있던 여론은 참전 쪽으로 기울었다. 그 결과, 12월 8일 미국 의회는 일본에 선전포고를 하게 되었다.

　태평양 전쟁사를 연구하는 역사가들이 아직도 결론을 내리지 못한 것이 있는데, 그것은 당시 미국 대통령이었던 프랭클린 루즈벨트(Franklin Delano Roosevelt : 1882~1945)가 일본의 진주만 공습을 미리 알고 있었는지에 대한 여부다. 이에 대해 미국은 유럽 전쟁에 몰입하고 있었으므로 일본과의 전쟁을 원치 않았다는 주장이 있다. 반대로 루스벨트가 일본의 미국 침략을 계기로 전쟁에 적극적으로 개입하기 위해 일본을 자극하여 미국을 공격하도록 유도했다는 설도 있다. 즉 진주만 공습을 미국의 전통적인 외교 정책인 '고립주의'에서 벗어날 수 있는 전환점으로 이용했다는 것이다.

　아직 정확한 견해는 나오지 않고 있으며, 어쩌면 이 중간쯤에 사실이 숨어 있는지도 모른다.

1970년 12월 7일

서독의 빌리 브란트 총리, 폴란드에 사죄

　빌리 브란트(Willy Brandt : 1913~1992) 서독 총리가 폴란드의 한 유태인 위령탑 앞에서 애도를 표하다가 갑자기 대리석 위에 무릎을 꿇었다. 폴란드 관계자들은 물론 브란트 총리의 수행원들 역시 전혀 예측하지

못한 행동이었다. 1970년 12월 7일의 일이었다.

이때 브란트는 동방 정책의 일환으로 제2차 세계 대전 후 25년 만에 처음으로 폴란드를 방문하였다. 그는 바르샤바의 라치빌 궁전에서 국교 정상화를 위한 서독 · 폴란드 조약에 서명한 뒤 바르샤바에 있는 한 유태인 위령탑을 찾았던 것이다.

독일 침공으로 인해 폴란드는 600만 명의 국민을 잃었으며 40%의 경제력이 사라졌다. 브란트가 찾은 곳은 더구나 유태인들의 저항이 거셌던 곳이다. 1943년 4월 19일 바르샤바 게토에 거주하고 있던 7만 명의 유태인들은 나치에 저항하다 5만 6,065명이 체포되거나 학살되었던 것이다.

바르샤바의 유태인 희생자 위령탑 앞 광장은 이 사건 이후 '빌리 브란트 플라츠'로 불리게 되었다. 또한 이를 계기로 독일은 새로운 국제 관계의 출발선에 서게 됐다.

2012년 현재 브란트의 이런 파격적인 사죄는 동방 정책과 함께 독일 통일의 밑거름이 된 것으로 평가받고 있다.

* 1943년 4월 19일 '폴란드 바르샤바 게토 거주 유대인, 독일에 항거' 참조

—

537년 12월 7일

유스티니아누스 1세, 동로마제국의 아야소피아 사원 완성

—

성 소피아 사원으로도 부르는 아야소피아Ayasofya 사원은 터키의 수도

인 이스탄불에 있다. 아야소피아는 '신성한 지혜의 교회'라는 뜻이다. 1593년 로마의 성베드로 대성당이 지어지기 전까지 세계 최대의 규모를 자랑하였다.

본래 콘스탄티누스 1세(Constantinus I : 274~337)가 360년 이곳에 성당을 만들었으나 이후 화재로 인해 크게 소실되었다. 그래서 유스티니아누스 1세(Justinianus I : 483~565)가 532년부터 5년에 걸친 개축 공사를 벌여 537년 12월 7일에 이곳을 그리스정교의 본산지로 만들었다. 에페소스의 아르테미스 신전과 레바논 바르베크의 아폴론 신전에서 운반해 온 기둥과 세계 곳곳에서 가져온 석재들을 이용한 것이었다.

그러나 15세기에 오스만 제국에 점령되면서 소피아 사원은 이슬람의 모스크로 개조되었다. 하지만 터키 정부는 이후 이곳을 기독교든 이슬람이든 종교적 행위를 일절 금지하는 아야소피아 박물관으로 개조하였다.

12월의
모든 역사

12월 8일

■
·
■

기원전 530년 12월 8일

싯다르타, 35세에 부다가야에서 성불하다

몸에 병 없기를 바라지 말라. 몸에 병이 없으면 탐욕이 생기기 쉽나니, 그래서 성인이 말씀하시되 병과 고통을 좋은 약으로 삼으라 하셨느니라. 세상살이에 곤란 없기를 바라지 말라. 세상살이에 곤란이 없으면 업신여기는 마음과 사치한 마음이 생기나니, 근심과 곤란으로써 세상을 살아가라. 공부하는 데 마음에 장애 없기를 바라지 말라. 마음에 장애가 없으면 배우는 것이 넘치게 되나니, 장애 속에서 해탈을 얻으라.

-『보왕삼매론』

대부분의 전기는 그 사람이 태어날 때부터의 행적을 기록하는 것이 보통이다. 하지만 인도 사람들은 아주 뛰어난 위인의 경우에 그가 사는 몇십 년 동안 그토록 위대한 일을 이룰 수는 없다고 생각한다. 위인이 태어나기 전에 전생前生이 있었다는 것이다. 석가모니의 경우도 마찬가지이다. 『자타카(전생 설화)』라는 불교의 경전은 석가모니의 전생을 말하고 있다.

아주 오랜 옛날에 연등불燃燈佛이 세상에 내려왔다. 이때 수메다라는 수행자가 연등불에게 공양하고자 하였으나 공양물이 없었다. 다행히 수메다는 한 여인으로부터 푸른 연꽃을 구해 연등불에게 바쳤다.

그때 마침 연등불이 가는 길에 진흙 웅덩이가 보이자, 수메다는 진흙에 머리를 풀어 연등불의 발을 더럽히지 않도록 하였다. 이 광경을 본 연등불이 말했다.

"견디기 힘든 고행을 하는 이 수행자를 보라. 그는 지금으로부터 무량한 겁이 지난 후에 부처가 될 것이다."

수메다는 나중에 도솔천에 머물렀고, 이름을 호명보살護明菩薩이라 하였다.

한편 충청북도 보은군 법주사, 경상남도 하동 쌍계사와 같은 절에 가면 석가모니의 일생을 여덟 단계로 나누어 그린 팔상도八相圖가 있다. 그것에 따라 설명하면 다음과 같다.

첫 번째는 도솔래의상兜率來儀相으로, 호명보살이 도솔천에서 내려온 그림이다.

호명보살에게 하늘 세계의 천인들이 말하였다.

"스승이시여, 바야흐로 부처가 되기 위한 때가 왔습니다."

호명보살은 간청을 받아들여 마야摩耶부인의 몸속으로 들어갔다. 마야부인은 카필라Kapilavastu 성을 중심으로 석가족族을 다스리는 왕인 슈도다나(정반왕)의 부인이었다. 20년 동안 자식이 없던 마야부인은 흰 코끼리가 오른쪽 옆구리에 들어오는 꿈을 꾸고 태자를 잉태하였다.

두 번째는 비람강생상毘藍降生相으로, 부처가 세상에 태어나는 그림이다.

마야부인은 해산일이 다가오자 관습에 따라 친정으로 갔다. 룸비니 동산에 이르러 꽃이 활짝 핀 사라나무 가지를 잡으려는 순간 산기를 느끼고 고통 없이 아들을 낳았다.

아이는 태어나자마자 동서남북으로 일곱 걸음을 걸으면서 한 손으로 하늘을, 다른 한 손으로 땅을 가리키며 말하기를 "하늘 위와 하늘 아래 오직 나 홀로 존귀하도다. 모든 세상이 고통 속에 있으나, 내 이를 편안하게 하리라."라고 하였다.

아이의 발자국마다 연꽃이 피어났으며 아홉 마리 용이 나타나니 감로수로 태자의 몸을 씻어 주었다. 히말라야 산에서 아시타라는 선인이 내려와 아이의 상호相好를 보고, "집에 있어 왕위를 계승하면 전 세계를 통일하는 전륜성왕轉輪聖王이 될 것이며, 만약 출가하면 반드시 불타가 될 것"이라고 예언하였다.

왕은 태자가 될 아이의 이름을 싯다르타Siddhartha로 지었다. 성은 고타마Gotama이다. 하지만 마야부인은 해산한 지 7일 만에 세상을 떠났고, 왕은 예언에 따라 아들이 출가할 것을 두려워하여 호화스러운 궁전을 지어 주고 향락을 즐기도록 했다.

세 번째는 사문유관상四門遊觀相으로, 태자가 성문을 나가 세상을 두루 살피는 그림이다.

왕궁의 풍요를 즐기고 있던 태자는 12세가 된 어느 봄날 농경제의 파종식에 참가하였다. 그때 태자는 농부들의 마르고 고단한 모습과 쟁기를 끄는 소들이 채찍을 맞는 모습을 보았다. 또한 쟁기가 지나간 뒤 흙 속에서 나온 벌레를 새들이 날아와 잡아먹는 모습을 보았다. 충격을 받은 태자는 고민에 휩싸여 명상에 들어갔지만 고민은 점점 깊어갔다.

그러던 어느 날 태자는 아버지 몰래 성문을 빠져나갔다. 동문에서는 늙은이를, 남문에서는 병든 이를, 서문에서는 죽은 사람을 보았다. 생명을 가진 모든 것은 고통에서 벗어날 수 없다는 것을 확인한 태자는 북문에서 수행자를 만났다. 그리고 출가해서 수행하는 것만이 고통에서 벗어나는 길임을 확신하였다.

네 번째는 유성출가상踰城出家相으로, 태자가 성을 떠나 출가하는 그림이다.

출가를 결심한 태자는 사랑하는 처자와 태자의 자리를 버리고 모든 사람이 잠든 밤에 흰 말을 타고 성을 떠났다. 이때가 29세 되던 해 음력 2월 8일이었다.

태자 싯다르타는 성을 나오자 머리와 수염을 깎고는 번뇌를 끊고 진리를 깨닫겠다고 서원했다. 그는 갠지스 강을 건너 인도 남쪽 마가다국의 왕사성王舍城으로 갔다. 그곳에서 알라라 칼라마와 우다카 라마푸타라는 2명의 수행자에게 선정禪定을 배우지만 생사의 고통에서 벗어나 해탈할 수 없다고 깨닫고 부다가야 부근의 산림으로 들어갔다.

다섯 번째는 설산수도상雪山修道相으로, 눈 쌓인 산에서 수도하는 그림이다.

싯다르타는 그를 가르칠 사람이 없자 견디기 힘든 자기만의 고행에 들어갔다. 하지만 싯다르타는 6년에 걸친 극심한 고행을 통해서도 깨달음을 얻을 수 없었다. 자기 몸을 학대하는 것이 깨달음에 이르는 길이 아님을 알게 되었다.

싯다르타는 자리에서 일어나 근처 네란자라 강으로 가서 몸을 씻었다. 수자타라는 소녀가 주는 우유죽을 먹고는 보리수菩提樹 아래에 길상초吉祥草를 깔고는 결가부좌하고 앉았다. "내 만일 무상정등정각(無上正等正覺 : 위 없고 비길 데 없는 바른 깨달음)을 성취하지 못하면 이 자리에서 결코 일어나지 않으리라." 이와 같이 홀로 맹세한 다음 싯다르타는 최후의 좌선에 들어갔다.

여섯 번째는 수하항마상樹下降魔相으로, 보리수 아래에서 마왕을 항복시키고 진리를 깨닫는 그림이다.

싯다르타가 목숨을 건 수행에 들어갔을 때, 갑자기 마왕의 세계가 크게 흔들렸다. 중생을 욕망에 사로잡히게 하고 세상을 어둡게 하는 마왕 파순波旬이 사바세계를 훑어보니 보리수 밑에서 정진을 하고 있는 싯다르타가 보였다. 그 정진의 힘이 대단히 강해서 마왕의 세계 전체가 흔들린 것이다.

파순은 떨면서 말하였다.

"그가 깨달음을 이루면 일체 중생을 지도할 것이고 그 경지는 나의 능력을 뛰어넘을 것이다. 어떤 수단을 써서라도 반드시 그를 항복시켜라."

파순은 요염하고 교태로운 세 딸을 보내 유혹하기도 하고 온갖 마군의 무리에게 공격하도록 하여 깨달음을 방해하려 했으나 모두 실패하였다.

결국 마왕이 직접 나섰다.

"석가족의 아들 고타마여, 그대는 빨리 일어나 이곳을 떠나라. 그대에게는 전륜성왕의 지위가 보장되어 있지 않은가?"

마왕이 유혹하자 싯다르타는 이렇게 사자후를 내었다.

"이제 어둠의 세계는 타파되었다. 내 이제 다시는 고통의 수레에 말려들지 않으리. 이것을 고뇌의 최후라 선언하며 이제 여래의 세계를 선포하노라."

마왕의 항복을 받아 내 장애를 벗어 던진 싯다르타는 마침내 깨달음을 얻고 성도成道하였다. 이때가 싯다르타가 35세 되던 해 12월 8일이라고 하며, 이날을 성도절이라 하여 불교에서는 뜻깊은 날로 삼고 있다.

싯다르타는 진리를 깨달아 부처가 되었고, 싯다르타의 깨달음을 정각(正覺 : abhisambodhi)이라고 한다. 그렇다면 그 진리는 무엇인가? 바로 연기緣起이다. 연기란 인연법이라고도 하는데 모든 것은 원인이 있으며, 모든 것은 원인으로 생겨나고, 원인이 사라지면 소멸한다는 것이다. 「중아함경」에서 석가모니는 이렇게 말하였다.

"이것이 있기 때문에 저것이 있고, 이것이 태어남으로 저것이 태어난다.
이것이 없기 때문에 저것이 없고, 이것이 사라짐으로 저것이 사라진다."

우주를 관통하는 법칙이 연기라면, 존재하는 것들의 모습을 나타내는 것이 삼법인三法印이다. 법(法 : Dharma)은 법칙, 부처님의 가르침, 덕德, 사물事物 등을 의미하며, 삼법인에서는 사물에 가깝다. 도장이란 뜻의 인印은 도장을 찍으면 어디서나 같듯이 석가모니의 가르침도 어디에서나 똑같다는 것이다. 삼법인은 불교의 세 가지 근본 교의敎義이다.

첫째, 제행무상인諸行無常印은 세상의 모든 것이 변한다는 것이다. 둘째, 제법무아인諸法無我印은 모든 변하는 것에 실체가 없다는 가르침으로, 인연에 따라 생기고 사라지니 변하지 않는 영원한 실체란 없는 것이다. 이 때문에 사람들이 아我에게 집착하는 것은 허망한 것이다. 셋째, 일체

개고인—體皆苦印은 모든 변하는 것은 괴로운 것이라는 가르침이다. 여기에 진리를 실현하는 열반적정인涅槃寂靜印을 포함시키기도 한다. 석가모니는 삼법인으로 세상의 본래 모습을 볼 수 있게 한 후, 이제는 현실의 고통을 벗어나 진리에 이르는 길을 가르쳐 주었다. 이것이 바로 고집멸도苦集滅道의 사성제四聖諦이다.

고제苦諦는 생로병사라는 인간의 고통을 의미한다. 고제가 일어나는 원인은 바로 인간의 헛된 집착에 따른 것이니 집제集諦라고 한다. 그렇기 때문에 집착을 없애면 고통에서 벗어나 이상적 경지인 열반涅槃에 이르고, 마음이 속박에서 벗어나 해탈解脫에 도달한다. 집착을 버리고 고통이 사라진 멸제滅諦에 이르기 위해서 수행의 길이 있으니, 그것은 바로 도제道諦이다. 도제에는 여덟 가지 바른 수행의 길이 있으니 그것을 팔정도八正道라 한다.

팔정도는 올바로 보고(正見), 생각하고(正思), 말하고(正語), 행동하고(正業), 생활하고(正命), 노력하고(正勤), 깨어있고(正念), 수행하는(正定) 것을 말한다.

팔상도의 일곱 번째는 녹야전법상鹿野轉法相으로, 진리를 깨달은 석가모니가 녹야원으로 가서 처음으로 5명의 수행자에게 설법하고 그들을 귀의시키는 그림이다.

석가모니는 보리수 아래에 머물러 있었는데 최고의 신인 범천梵天이 중생을 위해 설법할 것을 간곡히 부탁하니 이렇게 말하였다.

"감로의 문은 열렸다. 귀 있는 자는 들어라. 낡은 믿음을 버려라."

그리고 녹야원으로 가서 고행을 같이했던 5명의 수행자에게 설법하니 이를 초전법륜初轉法輪이라 한다. 이때 교진여憍陣如가 맨 처음으로 석가모니의 가르침을 이해하고 최초의 비구比丘가 되었다. 석가모니는 우루벨라로 가서 가섭迦葉 삼형제를 교화하였고, 왕사성王舍城의 종교가들도 교화하였다. 이곳의 국왕이었던 빔비사라왕은 석가모니를 위해 사원을 기증했는데, 바로 최초의 사원인 죽림정사竹林精舍이다. 석가모니는 이후 45년 동안 중인도 지방을 돌아다니면서 법을 설파하였다.

여덟 번째는 쌍림열반상雙林涅槃相으로, 석가모니가 육신을 버리고 열반에 드는 그림이다.

석가모니는 80세가 된 해에 아난존자에게 다음과 같이 말했다.

"나는 이미 모든 법을 설파했고 내게 비밀은 없다. 이제 가죽 끈에 묶여 움직이는 낡은 수레와 같다. 너희들은 다른 것에 의지하지 말고 자신을 의지처로 삼고, 법을 등불로 삼아 정진하라."

석가모니가 쿠시나가라의 숲에 이르러 심한 식중독을 일으켰다. "피로하구나. 이 두 사라수沙羅樹 사이에 머리가 북쪽으로 향하게 자리를 깔도록 하라."고 말하니, 제자들이 스승의 운명이 가까웠음을 알고 눈물을 흘렸다. 석가모니가 말하였다.

"슬퍼하지 말라. 내가 늘 말하지 않았느냐. 사랑하는 모든 것은 곧 헤어지지 않으면 아니 되느니라. 제자들이여, 제행諸行은 반드시 사라져 없어지는 무상법無常法이니라. 그대들은 중단 없이 정진하라. 이것이 나의 마지막 말이니라."

석가모니는 길에서 나서 길에서 살고 길에서 돌아갔다. 이때를 열반절이라 하는데, 열반은 산스크리트어인 니르바나nirvana의 음역이다. 니르바나는 '불어서 끈다'는 말로 석가모니는 모든 욕망과 번뇌의 불을 끄고 열반한 것이다.

1869년 12월 8일

교황 비오 9세, 제1차 바티칸 공의회 개최

1869년 12월 8일 교황 비오 9세(Pius IX : 1792~1878)가 소집한 제1차 바티칸 공의회가 개최되었다. 트리엔트 공의회 이후 300년 만에 열린 회의였다. 이 회의에는 전체 의원 자격자 1,084명 중 아시아 41명, 대양주 18명, 아프리카 9명을 포함해 총 774명이 참가하였다. 이듬해까지 10개월 간 열렸다.

이 회의를 통해 근대합리주의 · 유물론 · 무신론 등의 근대 반反그리스도교적 철학 체계 및 교회에 대한 국가우위설 등의 이단설이 배격되었다. 또한 교황의 수위권首位權이 교리적으로 확립되었으며, 특히 교황의 무류성無謬性이 신조信條로 채택되는 등 신앙상의 주요 결정이 내려졌다.

하지만 이듬해 7월에 프로이센 · 프랑스 전쟁이 개시되면서 회의는 하기휴가에 들어갔다가 결국 1870년 10월 20일에 정회하였다. 그로부터 90여 년이 지난 1962년 10월 11일 교황 요한 23세(Joannes XXIII : 1881~1963)가 제2차 바티칸 공의회를 소집하였다.

* 1870년 7월 18일 '바티칸 공의회, 교황 무류설 선언' 참조

* 1962년 10월 11일 '교황 요한 23세, 제2차 바티칸 공의회 개최' 참조

—

1980년 12월 8일

영국 록그룹 비틀스의 존 레논, 총격으로 사망

—

"레논은 예술과 음악 그리고 세계 평화에 누구와도 견줄 수 없는 큰 공로
로 영원히 기억될 위대한 인물일 것입니다."

-폴 매카트니의 추도사

　　1960년대 전 세계적인 인기를 얻은 영국 록그룹 비틀스의 리더였던
존 레논(John Ono Lennon : 1940~1980)은 「이매진Imagine」「러브Love」「오
마이러브Oh my love」등 많은 명곡을 불렀다.

　　그는 1940년 영국 리버풀에서 태어나 어릴 적부터 이모의 집에서 자
랐다. 1956년에 폴 매카트니(Paul McCartney : 1942~)와 만났으며, 1960
년부터 비틀스라는 이름으로 활동하였다. 그러다가 1970년 3월에 마지
막 앨범 「Let it be」 발매를 끝으로 비틀스는 해체되었다.

　　이후 존 레논은 정치 · 사회적 문제에 비판적인 태도를 취했다. 1972
년 미국에서 워터게이트 사건이 터지자 미국 공화당 정부를 비판하였
으며, 아내인 오노 요코(Yoko Ono : 1933~)와 함께 여성 해방 운동에
참가하기도 하였다.

　　하지만 「더블 판타지」를 발표하고 컴백한 직후인 1980년 12월 8일
뉴욕의 집 앞에서 팬이라고 찾아온 마크 채프먼에게 총을 맞고 숨을 거
두었다.

* 1970년 3월 11일 '비틀스, 마지막 앨범 「Let it be」 발매' 참조
* 1970년 4월 10일 '폴 매카트니, 비틀스의 해체를 선언하다' 참조

―

1991년 12월 8일

슬라브 3국, '독립국가연합' 창설

―

러시아의 보리스 옐친(Boris Nikolaevich Yeltsin : 1931~2007) 대통령, 벨로루시의 슈슈케비치 최고회의 의장, 우크라이나의 크라프추크 대통령 등 슬라브 3개국의 수뇌부는 1991년 12월 8일 벨로루시의 브레스트에서 회동하였다. 그리고 독립국가연합의 창설을 선언하였다.

이들은 소련의 소멸과 국가 주권을 각 공화국으로 옮긴다는 것을 선언하고, 유럽공동체EC와 닮은 완만한 협력 형태를 목표로 하였다.

그리고 그해 12월 21일에 러시아를 포함한 11개 공화국이 수도를 민스크로 하는 독립국가연합CIS을 결성하였다.

12월의
모든 역사

12월 9일

■
·
·
■

1981년 12월 9일

소련 물리학자 안드레이 사하로프,
18일 만에 단식을 중단하다

"이상을 성취하는 길을 찾지 못했을 때일지라도 이상을 창조할 필요가 없다. 이상이 없다면 희망도 없고 우리는 완전히 암흑과 미로 속에 갇혀 버리게 될 것이기 때문이다."

-안드레이 사하로프

소련의 반체제 물리학자이며 수소폭탄의 아버지라 불린 안드레이 사
하로프(Andrei Dmitrievich Sakharov : 1921~1989)는 1921년 모스크바에
서 태어났다.

그는 모스크바 대학교 물리수학부를 졸업한 후 1950년부터 소련의
'이고라 팀'에 합류하였다. 이 팀은 군사 목적의 비밀 연구 시설에서 수
소폭탄을 개발하고 있었다. 사하로프는 연구에 몰두하여 미국에 앞서
수소폭탄 개발에 성공하였고, 그 공로로 스탈린상과 레닌훈장을 수상
하였다. 32세에는 소련 과학아카데미 최연소 회원이 되었다.

하지만 사하로프는 방사능 오염 등의 문제를 들어 공산당 서기장 니키
타 흐루시초프(Nikita Khrushchyov : 1894~1971)에게 핵실험을 하지 말 것
을 요구했다. 소련 체제에 대한 비판도 이때부터 적극적으로 시작했다.
미국과 소련의 긴장 완화와 협력을 촉구하면서도 소련의 민주화를 선행
요건으로 주장하기까지 했다. 당시의 소련에게 사하로프는 '반체제 학자'
이자 '인민의 적'이었다.

사하로프는 1968년에 논문 「진보, 평화 공존 그리고 지적 자유에
대한 고찰」을 발표하였다. 이오시프 스탈린(Iosif Vissarionovich Stalin :
1879~1953)과 아돌프 히틀러(Adolf Hitler : 1889~1945) 그리고 마오쩌둥(毛
澤東 : 1893~1976)을 인류에 대한 사악한 범죄자로 규정한 내용이었다.

1970년에는 몇몇 물리학자와 함께 인권위원회를 만들어 인권 침해를
막기 위한 투쟁을 시작했다. 또한 사형제 철폐, 정치범 사면, 소련 민주
화 등 예민한 문제를 지속적으로 제기하였다. 그에 따라 1975년에 노벨
평화상을 수상하기도 하였다.

그러나 사하로프는 1980년 1월 22일에 긴급 체포되어 외국인 출입이
금지된 고리키로 유배되었다. 1979년에 일어난 소련의 아프가니스탄 침

공을 비판한 결과였다. 이때 훈장을 비롯한 모든 공적을 박탈당했다.

그는 당시 비좁은 방에 갇혀 살면서 모든 원고를 압수당하거나 검열받았다. 언론 보도도 거짓으로 치장되었다.

그러자 사하로프는 1981년 11월 22일부터 단식에 들어갔다. 병마에 시달리던 며느리의 출국을 허용해 달라는 것이 요구사항이었다. 소련 당국은 사하로프의 몸을 묶은 뒤 음식을 강제로 투입하는 등 폭력을 행사했다. 그러나 이런 일들은 서방에 알려져 국제사회의 압력이 거세졌다.

소련은 마지못해 며느리의 출국을 허용했고, 이에 따라 1987년 12월 9일 단식을 중단했다. 18일 만이었다.

그 후 유배 7년 만인 1987년 12월 16일에 미하일 고르바초프(Mikhail Sergeyevich Gorbachyev : 1931~) 대통령으로부터 자신의 석방 소식을 들었다. 석방 이후 사하로프는 모스크바로 돌아가 민주화와 인권의 중요성 등을 국민들에게 설파하였다. 그러나 2년 뒤인 1989년 12월 심장발작으로 사망하였다.

한편 그의 사망 후에 유럽연합EU은 사하로프의 이름을 딴 '사하로프 인권상'을 제정해 운영하고 있다.

―

1990년 12월 9일

폴란드의 노동운동가 레흐 바웬사, 대통령 당선

―

레흐 바웬사(Lech Walesa : 1943~)는 1943년 폴란드의 포포보에서 목수의 아들로 태어났다. 그의 공식적인 학력은 초등학교를 거쳐 직업학교에서 끝이 났다.

1967년 그단스크에 있는 레닌조선소에 전기공으로 취직한 그는, 1970년 식량 폭동 때 공산당 정권이 시위대에 발포하는 것을 보고 큰 충격을 받았다. 이후 반反정부 노동운동에 뛰어들었고, 1976년 파업 때 직장에서 해고되자 직업적인 노동운동가의 길로 들어섰다.

그 후 1980년 그의 직장이었던 레닌조선소에서 식료품값 인상에 항의하는 시위가 일어났다. 바웬사는 그곳의 노동조합을 이끌면서 파업과 자유 노조 결성의 권리를 요구하는 총파업으로 확대시켰다.

폴란드 정부는 시위의 확산을 막기 위해 이 요구를 받아들였다. 바웬사는 그에 따라 파업을 중단하고 전국 단위의 노동 조직인 '연대 자유 노조'를 창설했다. 그러나 정부는 이듬해에 계엄령을 선포하고 노조 지도부를 체포했다.

바웬사는 1983년에 폴란드 민주화에 대한 공로로 노동자 최초의 노벨 평화상을 받았다. 그리고 폴란드에서 유력한 정치 지도자로 떠올랐다. 1990년 12월 9일에는 대통령 선거에 출마해 당선되기도 했다.

하지만 경제 개혁의 부작용으로 실업이 증가하고 경제난이 가중되자 의회를 해산하고 신정부를 출범시켰다. 그 후 1995년 대통령 선거에서 공산당 출신의 알렉산더 크바스니에프스키(Aleksander Kwasniewski : 1954~)에게 권좌를 내줬다.

* 1995년 11월 19일 '크바스니에프스키, 폴란드 대통령에 당선' 참조

1981년 12월 9일

유엔 총회, 고문 금지 선언 채택

1975년 12월 9일, 유엔 총회는 만장일치로 고문 금지 선언을 통과시 켰다. 12개 조항으로 구성된 이 선언은 어떤 국가나 권력기관이 정보를 얻기 위해 처벌이나 협박과 같은 수단으로 육체적 · 정신적 피해를 가해 서는 안 된다는 내용을 담고 있다. 하지만 이 선언은 일종의 지침일 뿐 그 자체로 법적 구속력이 있는 것은 아니었다.

따라서 고문 금지 선언을 바탕으로 1984년에 UN 인권위원회는 고문 을 반인륜적인 범죄로 규정하는 고문 금지 조약을 채택하였다. 고문을 보편적 반反인륜 범죄로 규정한 이 조약은 '공무 종사자 또는 그에 준하 는 자가, 정보 취득이나 자백 획득을 위해 또는 인종 편견에 기초해, 육 체적 · 정신적으로 현저하게 고통을 주는 행위'를 고문으로 규정하였다.

이 조약으로 인해 고문 관련 조약이 비로소 국제법적 효력을 지녀 이 조약에 가입하지 않은 나라에서도 가해자를 처벌할 수 있게 되었다.

1961년 12월 9일

아프리카의 탄자니아 독립

아프리카 대륙 동부에 위치한 탄자니아는 15세기까지 이슬람계 세 력이 지배하고 있었으며, 이후 유럽 세력이 들어오면서 포르투갈 · 독 일 · 영국의 지배를 받았다.

   1929년에 창설된 탕가니카 아프리카 동맹TAA이 1954년 무렵에 탕가
니카 아프리카인 민족 동맹TANU으로 이름을 바꾸고 독립 운동을 전개하
였다.

   이후 TANU는 1961년 12월 9일에 독립을 선포하였고, 1964년 10월
에 잔지바르와 연합하여 탄자니아 연합공화국을 세웠다.

12월의
모든 역사

———

12월 10일

■
·
■

1948년 12월 10일

국제연합, 세계 인권 선언을 선포하다

제1조. 모든 사람은 태어날 때부터 자유로우며 존엄성과 권리에 있어 평등하다.

제2조. 모든 사람은 인종, 피부색, 성, 언어, 종교, 정치적 또는 기타의 견해, 민족적 또는 사회적 출신, 재산, 출생 또는 기타의 신분과 같은 어떠한 종류의 차별이 없이, 이 선언에 규정된 모든 권리와 자유를 누릴 자격이 있다.'

-「세계 인권 선언문」

역사적으로 볼 때 인권 사상은 국가와 개인(인간)의 대결에서 출발하였다. 국가는 법으로 인간을 통제하려 하고, 인간은 국가의 통제에서 벗어나려고 하기 때문이다.

보통 문서에 의한 인간의 자유 선언은 영국에서 시작된 것으로 보고 있다. 1215년 영국의 귀족들은 런던 시민의 지지를 얻어 국왕의 횡포를 막는 칙허장인 대헌장Magna Carta을 받아 냈다. 또한 1679년에는 인신보호법을 통해 부당한 구금에 따른 인권 침해를 법으로 방지하였다. 미국역시 1776년 7월에 발표된 독립 선언문을 통해 정부에 의해 존중되어야 할 천부 인권을 선포하였다. 1789년의 프랑스 인권 선언문 공표 이후 일어난 자유에 대한 요구는 인권의 범위를 확대시켰다.

20세기에 들어서 인류는 두 차례의 세계 대전을 치른 후, 세계 평화를 확립하고 유지하기 위한 기구인 국제연합UN을 창설하였다. 1945년 6월에 서명된 UN 헌장에서는 '전쟁의 참화에서 다음 세대를 구하고, 기본적인 인권, 인간의 존엄성과 가치, 남녀 및 크고 작은 나라들의 평등권에 대한 신념을 재확인한다.'는 결의를 발표하였다.

그리고 UN의 목적을 '국제 평화와 안전을 유지하고, 경제적 · 사회적 · 문화적 또는 인도적 성격의 국제적 문제를 해결하고, 국제적인 협력을 통해 인종 · 성별 · 언어 또는 종교에 따른 차별 없이 모든 사람의 인권 및 기본적 자유에 대한 존중을 촉진하고 장려한다.'고 하였다. UN은 이 목적을 이루기 위해 인권 보호가 필수적이라는 이해를 가지고 1948년 12월 10월 세계 인권 선언을 선포하였다.

그러나 130여 개 국가들이 각종 국제 인권 규약에 가입하고 세계 인권 선언이 선포된 지 65여 년이 지난 2012년 현재에도 지구 곳곳에서는 고문, 정치적 실종, 인종 차별 등 인권 침해 사례가 보고되고 있다.

그 실례의 하나로 아르헨티나 비델라 군사정권에 의해 저질러진 실종 사건과 국제 사회의 대응을 들 수 있다.

아르헨티나의 실종 문제는 1976년 아르헨티나 군부 쿠데타 세력에 의해서 조직적으로 실행된 이른바 '좌익 소탕 작전'을 의미한다. 군부와 보안 경찰이 개입된 이 작전은 1976년부터 1980년에 이르는 기간 동안 당시 아르헨티나 정치적 혼란의 원인으로 지목되던 '혁명 세력'들을 축출하기 위해서 취해진 초법적인 조치였다.

작전의 대상은 노조 간부·학생 운동 간부·반체제 언론인·과학자 등 전문 직업인, 빈민 운동가 및 성직자와 이들의 친구들 그리고 친구의 친구들이었다. 프랑스 국적의 수녀 2명 등 외국인도 포함되어 있었다.

한 보고서에 의하면 수백 명의 어린이들이 이 기간 동안 벌어진 군부 정권의 '좌익 소탕 작전'과 관련되어 실종되었다. 그러나 그들 가운데 1992년까지 아르헨티나 내무성 인권소위원회에 설치된 '어린이 실종 문제 특별위원회'에 의해서 신원이 추적된 것은 단지 53명에 지나지 않는다.

아르헨티나 비밀요원들에 의해 자행된 만행의 대표적인 예는 1976년 11월에 벌어진 7명의 고등학생 실종 사건이다. 이들은 대중교통을 이용하는 학생에게 요금을 할인해 주었던 과거의 정책을 부활시키라고 요구하면서 시위를 주동하였다는 혐의를 받았다. 이 중 당시 18세였던 파블로 디아즈는 1976년 한밤중에 "잠시 조사할 것이 있다."며 얼굴을 가린 비밀요원들에 의해 알 수 없는 곳으로 끌려갔다. 디아즈는 3년 9개월 10일 동안 감금당한 뒤 겨우 집으로 돌아올 수 있었지만 나머지 6명은 어떻게 되었는지 밝혀지지 않았다.

이후에 그의 증언으로 군부 정권의 무자비하고 비인도적인 납치와 고문 실태가 일부 드러나게 되었다. 비밀요원들은 주로 한밤중에 '처리 대상자'를 납치하여 외부로부터 완벽하게 차단된 시설에 감금하였다. 비밀요원들은 모두 얼굴을 가리고 가명을 사용하는 것으로 밝혀졌다. 또 그들은 잔인한 고문을 감행하였는데 성기와 입술에 전기 고문을 하고 여자에게는 성고문도 하였다. 대부분의 처리 대상자들은 필요한 자백을 받아낸 뒤 어떠한 재판 과정도 없이 즉결 처형되었으며 시신은 비밀 장소에 매장되거나 군용 비행기나 헬기에 의해서 바다에 버려졌다. 물론 납치된 사람들의 재판 기록과 처형 기록은 철저히 숨겨졌다. 이것은 개인의 권리 이전에 개인의 사회적 존재 자체를 부정하는 반인륜적인 행위였다.

인권에 관한 법률은 20세기에 큰 발전을 이루었고, 국제 사회는 세계 인권 선언을 통해 인권 문제를 국경을 초월한 보편적인 문제로 받아들였다. 하지만 아직 인권의 보편주의 원칙에만 합의하고 있을 뿐이며, 이를 뒷받침할 국내 및 국제적인 실천성 문제는 여전히 21세기의 과제로 남아 있다.

1983년 12월 10일

아르헨티나 민간 정부 출범

아르헨티나는 1976년부터 군사 정권이 집권하였다. 그러나 비뇨네 장군은 국민들의 민정 이양 요구에 굴복하여 1983년 10월 총선거를 실시하였다. 이 선거에서 라울 리카르도 알폰신(Raul Ricardo Alfonsin : 1927~2009)이 대통령으로 당선되어 1983년 12월 10일에 민간 정부가 출범하였다.

알폰신은 부에노스아이레스 대학교 법대를 졸업하고 변호사로 일했으며, 급진당에 입당하여 시의회 의원·주의회 의원을 거쳐 하원 의원을 지냈다.

알폰신은 취임사에서 군부 권위주의 체제 아래에서 자행된 살인과 고문 등의 인권 탄압과 실종자 문제 처리에 대한 법적 처벌을 통해 완전한 민주주의 회복을 약속하였다.

이에 대대적인 개혁 정책을 내놓았으나 별 성과는 없었다. 외채 또한 빠르게 불어나 인플레이션 비율이 연 5,000%에 달했으며, 실질 국민소득도 한없이 추락하였다.

결국 국민들의 반감으로 임기를 수개월 남기고 그해 7월 사임했다. 그리고 1989년 5월에 강력한 경제 개혁 정책을 내놓은 정의당의 카를로스 메넴(Carlos Saul Menem : 1930~)이 후임 대통령으로 당선됐다.

* 1989년 5월 14일 '카를로스 메넴, 아르헨티나 대통령에 당선' 참조

1901년 12월 10일

제1회 노벨상 수상자 수상

알프레드 노벨(Alfred Bernhard Nobel : 1883~1896) 사망 5주기를 맞아 고인의 뜻에 따라 1901년 12월 10일 스웨덴 스톡홀름에서 제1회 노벨상 수상식이 거행되었다.

제1회 노벨상 수상자는 물리학상에 독일의 빌헬름 뢴트겐(Wilhelm

Conrad Roentgen : 1845~1923), 화학상에 네덜란드의 반트 호프(Jacobus
Henricus van't Hoff : 1852~1911), 생리 · 의학상에 독일의 폰 베링(Emil
Adolf von Behring : 1854~1917), 문학상에 프랑스의 쉴리 프뤼돔(Sully
Prudhomme : 1839~1907), 평화상에 스위스의 앙리 뒤낭(Jean-Henri
Dunant : 1828~1910) 등이었다.

 이때 수상자들이 받은 상금은 약 15만 크로나였는데, 당시 스웨덴 대
학 교수 1년 수입의 약 25배 정도였다고 한다.

 이후 1968년부터 경제학상이 추가로 제정되었다.

* 1901년 11월 27일 '노벨상이 제정되다' 참조
 * 1833년 10월 21일 '스웨덴의 발명가 노벨이 태어나다' 참조

12월의
모든 역사

12월 11일

■
■
■

1946년 12월 11일

국제연합, 유니세프를 창설하다

'모든 아동은 인종이나 성별, 종교, 사회적 신분 등에 따른 모든 차별로부터 보호받아야 한다. 모든 아동은 생명을 존중받을 권리를 가지고 있으며, 당사국 정부는 아동의 생존과 발달을 최대한 보장해야 한다.'

-「아동 권리 협약」

국제 아동 구호 기금(UNICEF : United Nations International Children's Emergency Fund)의 설립 정신은 국적과 인종, 이념, 종교, 성별 등과 상관없이 도움이 필요한 아동이 있는 곳에 도움의 손길을 전하는 '차별 없는 구호'이다.

제2차 세계 대전이 끝난 직후 유럽과 중국에는 굶주림과 질병으로 고통받는 어린이들이 많이 있었는데, 국제연합UN은 이러한 아동들을 돕기 위하여 1946년 12월 11일 유니세프UNICEF를 창설하였다. UNICEF는 위급 사태에 처해 있는 아동들 특히 저개발국 아동들의 복지 계획에 대하여 관심을 가지고 있었다.

하지만 아동들에 대한 인권 침해 문제는 저개발국만의 문제가 아니다. 1976년에 발표된 미국의 조사보고서에 따르면 28%의 가정에서 결혼 후 부부간에 폭력 행위가 있었으며, 73%의 응답자는 어느 시기에 자녀에 대해 폭력을 사용한 적이 있다고 답했다. 라오 싱그 유니세프 지역 사무소 국장의 말은 이렇다.

"폭력은 빈국이나 부국을 가리지 않고 어린이가 성장하는 사회라면 어디에나 퍼져 있습니다. 슬프게도 폭력은 문화적, 사회적 규범의 하나로 받아들여지기도 하며, 자주 은폐되고 부정당합니다. 이러한 문제에 대해 우리는 터놓고 토의해야 합니다."

유니세프는 설립 이후 영양 · 보건 · 위생 · 기초교육 등 아동 환경 개선을 위해 다양한 활동을 전 세계적으로 실천하고 있다. 그중 하나로 미량 영양소 보급 운동을 들 수 있다. 2012년 현재 개발도상국 어린이 중 1억 7,500만 명이 나이에 비해 발육이 부진한 영양실조 상태이며, 1

억 5,000만 명이 나이에 비해 체중이 미달되는 저체중아다. 심각한 저체중아는 정상 체중을 가진 아이에 비해 사망률이 최고 8배나 높다.

유니세프는 이러한 영양실조 개선을 위해 비타민A 캡슐과 비타민A 함유식품을 대대적으로 보급하고 있다. 5세 미만 어린이에게 1년에 비타민A 캡슐을 2회만 공급해 주면 비타민A 결핍을 예방할 수 있기 때문이다. 또한 전 세계적인 요오드 결핍증을 퇴치하기 위해 각 나라 정부와 소금 생산업자들과 협력하여 각 가정에서 요오드를 섭취할 수 있도록 권장하고 있다.

유니세프 본부는 미국 뉴욕에 있으며 정책 결정 기구인 집행이사회와 실무를 담당하는 사무국으로 이루어져 있다. 이 중 집행이사회는 36개 이사국으로 구성되며, 이사국은 3년마다 선출한다.

* 1959년 11월 20일 '국제연합,「세계 어린이 인권 선언」 채택' 참조

1931년 12월 11일

영국 의회, 웨스트민스터 법 가결

19세기에 들어서면서 영국 자치령들은 정치 · 경제적으로 국제적 위상이 높아졌다. 그 결과, 1926년 영국 제국 회의에서는 밸푸어선언을 채택하여 자치령이 '제국 내의 지위가 평등하고 자치적인 사회'임을 규정하였다.

그리고 1931년 12월 11일, 영국 의회는 본국과 캐나다 · 오스트레일리아 · 뉴질랜드 등 자치령과의 상호관계를 규정한 웨스트민스터 법Statutes of Westminster을 가결하였다. 웨스트민스터 법의 주요 내용은 다음과 같다.

전문. 영국연방 구성 국가들의 자유로운 연합을 상징하는 것으로 왕관을
정한다.
제1조. 자치령을 캐나다 · 오스트레일리아 · 뉴질랜드 · 남아프리카공화
국 · 아일랜드자유국 및 뉴펀들랜드 지역으로 한다.
제4조. 영국 본국 의회에서 제정된 법률은 자치령의 동의 없이는 자치령
법률의 일부로서 해당 자치령에 적용되지 않는다. 자치령은 영국 본토와
똑같은 지위를 누려 주권을 인정받고 독자적으로 대내외 문제를 처리하며
국제연맹에 대표단을 파견할 수 있다.

이 법에 따라 대영제국 내 자치령들은 주권을 인정받아 자치정부를
수립하고 영국 본토와 똑같은 지위를 누릴 수 있게 되었다. 또한 대내
외 여러 문제들에 대해 독립적인 권한을 행사할 수 있게 되었다. 하지
만 영국 왕실의 기능과 자치령 간의 중립성 문제 등이 명확하지 않아
문제가 되었다.

———
1930년 12월 11일

영화 「서부전선 이상 없다」, 독일에서 상영 금지
———

1929년 독일의 소설가 에리히 레마르크(Erich Maria Remarque : 1898
~1970)는 『서부전선 이상 없다』를 발표하였다. 이 소설이 발표되자 전
세계로부터 폭발적인 반응을 얻었다. 25개 국어로 번역되어 300만 부

이상이 팔렸다. 전쟁의 현실을 생생히 고발하였을 뿐만 아니라, 시민적 상식의 환상과 허위에 대한 젊은이들의 분노를 정확히 묘사하였기 때문이다.

이어 동명 소설을 미국의 루이스 마일스톤(Lewis Milestone : 1895~1980)이 1930년에 영화로 만들었다. 독일군 병사의 관점에서 제1차 세계 대전의 비극을 묘사한 점과 전투 장면에서의 창의적인 테크닉과 호화로운 스펙터클 그리고 광신적인 민족주의와 군국주의를 예견하고 비판한 이 영화는 전쟁 영화의 걸작으로 높이 평가받았다.

그해 12월 11일부터 독일에서 상영될 예정이었으나 갑자기 상영이 금지되었다. 히틀러의 나치당이 독일의 제2당이 되어 파시즘의 길로 접어드는 분위기였기 때문이다. 아울러 레마르크 또한 1932년 나치의 탄압을 피해 스위스로 몸을 피해야만 했다.

1936년 12월 11일

영국왕 에드워드 8세, 결혼하기 위해 퇴위

영국의 국왕 에드워드 8세(Edward VIII : 1894~1972)는 왕위에 오른 지 1년이 채 안 된 1936년 12월 11일 미국 출신의 이혼녀인 심프슨 부인과 결혼하기 위해 왕위에서 물러났다. 그는 "사랑하는 여인의 도움과 지지가 없으면 무거운 책임을 이어나갈 수 없다는 것을 깨달았다."며 사임 이유를 밝혔다.

그는 윈저 공 시절부터 진정으로 사랑하는 신부를 구하기 위해 각지를 돌아다녔다. 유럽 여러 나라의 공주들 또한 그에게 청혼하였으나 누

구 하나 마음에 드는 사람이 없었다. 그러다 에드워드 8세로 즉위하게
되었다.

그러나 그는 일체의 개인적인 자유가 허락되지 않는 왕궁 생활에 공
허함을 느꼈다. 그 공허함을 달래 준 것이 미국 태생의 연상 여인 심프
슨이었다.

에드워드는 왕위에서 물러난 후 1937년에 프랑스에서 결혼하였으
며, 두 사람은 사망한 이후 영국 윈저 궁 뜰에 묻혀 있다.

12월의
모든 역사

12월 12일

■
∶
■

1936년 12월 12일

장쉐량이 장제스 총통을 감금한 시안 사건이 발생하다

내전을 전면적으로 중단하고 무력 항일 정책을 채택할 것. 난징 정부를 개편하고 모든 정파를 참여시켜 구국의 공동 책임을 분담케 할 것. 모든 정치범을 사면할 것. 애국적 단체를 조직할 인민의 권리와 정치적 자유를 보장할 것.

-장쉐량의 요구 조건

국공 내전이 한창이던 20세기 중국의 운명을 바꿔놓은 분수령의 하나가 1936년 12월 12일에 벌어진 시안 사건西安事件이다. 이 무렵 마오쩌둥(毛澤東 : 1893~1976)과 그의 홍군(공산당군)은 장제스(蔣介石 : 1887~1975)의 국민당 군대에 쫓긴 대장정을 마치고 전력을 보강하면서 반전을 꾀하고 있었다.

1936년 초에 홍군은 동북군과 양해를 맺어 교전을 중지하고 있었고 적극적인 항일전을 촉구하면서 민중들의 지지를 얻기도 했다. 그러나 장제스는 홍군을 뿌리 뽑기 위한 노력을 멈추지 않았다.

1936년 12월 7일 장제스는 시안西安에 도착하여 화칭츠華清池에 머물렀다. 홍군 토벌 작전에 소극적인 동북군 사령관 장쉐량(張學良 : 1898~2001)에게 적극적으로 나설 것을 재촉하기 위해서 온 것이었다. 장제스는 장쉐량에게 홍군 토벌에 적극적으로 나서지 않으면 그를 항명죄로 해임한다는 위협도 하였다.

하지만 장쉐량의 생각은 달랐다. 그는 만주 지역을 호령했던 동북군 군벌 장쭤린(張作霖 : 1873~1928)의 아들로, 방탕한 생활로 세월을 보내다가 일본군이 아버지가 탄 열차를 폭파시키자 뒤늦게 대일 항전에 나선 인물이다. 그는 일본군이 기세 좋게 만주를 공격하고 중국 땅을 점령해 오는데도 홍군 토벌에만 몰두하는 장제스를 못마땅하게 생각했다. 중국 국내의 분위기도 장제스에 대일 항전을 요구하고 있었다.

1935년 12월 9일에 중국 톈안먼 광장에 모인 중국 청년들은 내전 중단과 항일 항전을 요구하며 시위를 벌였고, 이듬해 2월에는 장쉐량이 교장으로 있던 동북대학의 학생들이 북평에서 같은 주장을 하면서 시위를 벌였다. 장제스가 시안에 오자 시안의 청년과 학생들은 12 · 9 운동 1주년을 기념하는 데모를 하면서 대일對日 항전을 촉구하였다.

마침내 장쉐량은 서북군 총사령관인 양후청(楊虎城 : 1893~1949)과 함께 12월 12일 장제스를 체포하고 내전의 중지와 대일 항전 등을 요구하였다. 이들의 요구를 들어주기로 하고 시안을 벗어난 장제스는 약속을 지켜 공산당과 제2차 국·공 합작을 체결하고 대일 항전에 나섰다. 일본은 시안 사건에 놀라 경제 협력과 협상을 제안하고 자본주의 세력을 부추겨 중국 인민들을 분열시키려 했지만 소용이 없었다.

시안 사건으로 홍군은 장제스의 토벌 작전에 벗어나 세력을 확대할 수 있었다. 1937년 약 5만 명 정도이던 공산당의 병력이 일본과의 전쟁 과정에서 50만 명 이상으로 증가했다. 이러한 무력 기반은 이후 장제스의 국민당을 타이완으로 몰아내는 원동력이 되었다.

* 1923년 1월 26일 '중국, 제1차 국공 합작 선언' 참조
* 1935년 10월 19일 '중국 공산당 부대 홍군, 대장정을 끝내다' 참조
* 1937년 9월 22일 '중국, 제2차 국공 합작 선언' 참조

—

1915년 12월 12일

세계 최초의 금속제 비행기 융커스 J-1, 첫 비행 성공

—

제1차 세계 대전 때 독일 군용기로 쓰인 융커스Junkers J-1은 전체가 금속으로 된 최초의 비행기이다. 이 비행기는 5정의 기관총과 크롬·니켈 합금제인 5mm 두께의 방어 장갑을 가지고 있었으며 폭탄 탑재량이 150kg에 달했다.

독일 공학자 출신의 제작자 휴고 융커스(Hugo Junkers : 1859~1935)는 1915년 12월 12일 J-1 단엽기 비행에 처음으로 성공하였다. 1919년 6월에는 전체가 금속으로 된 최초의 수송기인 F-13을 제작하기도 하였다.

융커스가 만든 많은 항공기와 관련 부품들은 독일 공군력 향상에 큰 역할을 하였으며, 일부 민간 회사들이 이를 모방해 항공기를 제작하였다.

* 1919년 6월 14일 '최초의 금속제 여객기 융커스 F-13, 첫 비행에 성공' 참조

2000년 12월 12일

미 연방대법원, 부시 대통령 후보를 대통령으로 사실상 확정

"플로리다 주 대법원의 재개표 허용 결정이 헌법상 문제를 안고 있어 주 대법원의 판결을 파기하고 환송하기로 했다."

－미국 연방대법원

2000년 11월 7일 미국의 제43대 대통령을 뽑는 선거가 실시되었다. 그 결과, 민주당 후보 겸 부통령인 앨 고어(Albert Arnold Gore Jr. : 1948~)가 공화당 후보 조지 워커 부시(George Walker Bush : 1946~)를 53만여 표 차이로 앞서 승리가 거의 확실시 되었다.

그런데 이변이 일어났다. 원래 미국 대통령 선거는 선거인단을 통한 간접투표 방식인데, 투표자의 표가 단 1표라도 앞서면 선출된 선거인단은 모두 승자에게 투표해야만 한다. 그래서 초방빅 지역이었던 플로리다 주에서 부시가 고어를 겨우 300여 차이로 이겨 선거인단의 25표를 모두 가져가 271대 266로 5표 앞섰던 것이다.

하지만 결과를 승복하지 못한 고어는 재개표를 요구하였고, 플로리다 주법원은 이를 허용하였다. 하지만 선거가 끝난 지 35일 만인 12월 12일, 연방대법원은 "플로리다 주의 수개표 재개를 명령한 주 대법원의 결정은 헌법에 위배된다."고 판결하였다. 이로써 조지 부시가 미국 대통령으로 확정됐다.

앨 고어는 이날 오후 9시 부통령 집무실이 있는 워싱턴 백악관의 아이젠하워 빌딩에서 행한 연설을 통해 "연방대법원의 판결에 동의하지는 않지만 국민 통합과 튼튼한 민주주의를 위해 승복한다."며 선거 패배를 인정했다.

미국의 독특한 선거 제도 때문에 고어는 부시에게 사실상 이기고도 진 선거를 경험해야만 하였다.

1963년 12월 12일

아프리카의 케냐 독립

아프리카 대륙 동부에 위치한 케냐는 에티오피아 · 탄자니아 등과 국경이 닿아 있다. 아랍인들과 교역을 하였으며, 15세기 이후 유럽에 알려졌으나 19세기에 들어와서야 본격적으로 유럽인들이 진출하였다.

19세기 말에 영국의 보호령이 되어 1920년에는 직할 식민지가 되었다. 그러나 제2차 세계 대전 이후 독립 운동이 활발히 일어나 1952년에 무장 단체인 마우마우MauMau의 투쟁으로 이어졌다.

키쿠유족의 조모 케냐타(Jomo Kenyatta : 1894?~1978)가 독립 운동을 이끌었으며 1963년 12월 12일에 독립을 쟁취하였다.

12월의
모든 역사

12월 13일

■
■
■

1937년 12월 13일

난징대학살 사건이 벌어지다

"놀랍게도 군인들 사이에 이상한 경쟁이 시작되었다. 누가 가장 빨리 포로들을 죽이는가 하는 것이었다. 한 병사가 포로의 목을 베면 다른 병사가 잘린 머리를 받아 한쪽으로 쌓아 올렸다. 죽이고 수를 세고, 죽이고 수를 세고……."

-아이리스 장,『난징대학살』

중국을 점령하려는 일본의 도발은 1931년에 만주를 점령함으로써 시작되었다. 그리고 1937년 7월 일본군은 노구교蘆溝橋 사건을 일으켜 중일전쟁을 시작했다. 당시 일본의 코노 내각은 전쟁을 확대하지 않는 다는 방침을 세웠지만, 육군의 강경파들은 전선을 확대했다. 결국 코노 내각 역시 '흉폭한 중국을 응징한다'는 성명을 8월에 발표하고, 대륙 침략에 박차를 가하기 시작했다.

이에 중국의 국민당과 공산당은 9월 제2차 국공 합작에 합의하여 일본에 대항하기로 하였다. 공산당군은 곧 국민당 정부군의 팔로군八路軍과 신사군新四軍으로 편성되었다. 하지만 일본군은 텐진天津과 베이징北京을 점령한 후 거침없이 진격하여 11월에는 상하이上海마저 점령했다. 그리고 한 달 후 성벽을 넘어 국민당 정부가 수도로 삼고 있던 난징南京을 점령하였다.

이때 난징에서 일본 중지나방면군中支那方面軍 사령관 마쓰이 이와네(松井石根 : 1878~1948) 대장이 이끄는 일본군은 세계에서 유래가 찾기 힘든 대학살을 저질렀다. 국민당 군대가 이미 난징을 버리고 충칭重慶으로 달아나 버리고 없을 때였다. 12월 13일의 일이었다.

일본군은 난징에 남아 있던 일부 중국 군인과 학생들 그리고 전쟁과 관련 없는 민간인들을 살해하고 강간하였다. 약탈과 방화도 잇따랐다. 특히 난징 점령 초기 6주일 동안은 지옥이나 다름없었다. 총을 난사하고 생매장하고 휘발유를 뿌려 불태워 죽였다. 수천, 수만 명으로 추정되는 젊은이들이 일본군의 총검술 훈련용 혹은 '목 베기 시합'의 대상이 되기도 하였다. 이밖에도 차마 글로 표현할 수 없는 잔인한 방법들이 동원되었다.

제2차 세계 대전이 끝난 뒤 극동 군사 재판소에 제출된 자료에 따르면, 2개의 자선 단체가 난징에서 버려진 시체들을 매장한 수만 보더라도 15만 5,337구에 이른다. 이중 어린이가 859구, 부녀자가 2,127구였다. 그밖에 양쯔강揚子江에도 수많은 시체가 버려졌다. 이렇게 희생된 사람이 당시 난징 잔류 인구의 절반 가까운 약 30만 명에 이르렀다.

미국의 일간 신문 「새너제이 머큐리」는 사망자들이 손을 잡으면 난징에서 항저우杭州의 322km를 이을 수 있고, 시체는 기차 2,500량을 가득 채울 수 있을 것이라고 추정하기도 하였다.

난징대학살은 나치의 유대인 대학살에 버금가는 '아시아판 홀로코스트'라고 불린다. 한·중·일의 공동 교과서인 『미래를 여는 역사』에 따르면 '일본군에게 집단 학살당하고 시체가 훼손된 경우가 19만여 명, 소규모 학살로 매장된 시체는 15만여 구'에 이른다고 한다.

* 1937년 7월 7일 '중일전쟁이 발발하다' 참조

―

1545년 12월 13일

교황 바오로 3세, 트리엔트 공의회를 개최하다

―

"공의회를 제의하지도 직접 거부하지도 마십시오. 오히려 공의회 소집 요구를 받아들인다고 하되 그 과정에서 겪게 될 어려운 문제들을 강조하십시오. 그러면 공의회 소집 요구는 뿌리칠 수 있을 것입니다."
교황의 특사인 알레안데르가 교황 클레멘스 7세에게 조언하였다.

종교 개혁을 이끈 마르틴 루터(Martin Luther : 1483~1546)는 1519년

라이프치히에서 범종교 회의인 공의회公議會를 요구했다. 그가 말한 공의회는 프로테스탄트 신학자들만 아니라 가톨릭 신학자들이 함께 모인 회의를 의미했다.

하지만 회의는 무산되었는데, 로마의 교황청은 공의회를 열면 교황의 권위가 위협받고 프로테스탄트들의 주장을 조금이라도 들어주어야 했기 때문이다. 그에 따라 공의회는 개혁 교황인 바오로 3세(Paulus Ⅲ : 1468~1549) 이후에야 열릴 수 있었다.

바오로 3세는 교회의 분열을 수습할 목적으로 신성 로마 제국의 황제인 카를 5세(Karl Ⅴ : 1500~1558)의 동의를 받아 1545년 12월 13일 이탈리아 트리엔트에서 공의회를 열었다. 그러나 프로테스탄트의 신학자들은 슈말칼덴 전쟁으로 회의에 참가하지 못해 로마 가톨릭 측만이 참여한 공의회가 되고 말았다. 회의는 1545년 이후에도 계속되어 1563년까지 18년간 총 19차례에 걸쳐 열렸다.

트리엔트 공의회는 가톨릭교회 역사상 가장 중요한 회의의 하나이다. 먼저 교리 문제에 있어, 프로테스탄트 신학자들이 공격했던 가톨릭의 기본 교리들이 다시 인정받았다. 예를 들어 루터에게 비판을 받던 연옥, 성인 숭배 같은 것들을 가톨릭에서 모두 필요한 것으로 재확인한 것이다. 또한 교황의 권위와 우월성도 확실히 하였다.

그리고 교회 개혁 문제에 있어, 성직자들의 부패를 뿌리 뽑고 교회의 규율을 강화하기 위한 조치들이 취해졌다. 주교와 사제들은 하나 이상의 성직록을 받을 수 없도록 하였고, 무식한 성직자들이 나오지 않도록 교구마다 신학교를 설립하도록 하였다. 또한 금서 위원회가 설치되어 책들의 검열을 강화하였다.

트리엔트 공의회는 프로테스탄트 종교 개혁에 몰린 가톨릭교회의 대응이기도 하고, 르네상스의 시대 흐름에 따른 자연스러운 개혁이기도 했다. 가톨릭은 트리엔트 공의회, 개혁적인 교황의 등장, 예수회의 설립을 통해 루터로부터 시작된 종교 개혁에 대응할 수 있었다.

이러한 16세기 가톨릭의 개혁을 가톨릭 개혁 또는 반反종교 개혁이라고 한다.

—

2005년 12월 13일

미국의 노벨 평화상 후보 스탠리 투키 윌리엄스, 사형을 당하다

—

1970년대에 스탠리 투키 윌리엄스 3세(Stanley Tookie Williams Ⅲ : 1953~2005)는 미국 내 최대 흑인 갱단인 크립스Crips를 세웠다. 로스엔젤레스를 근거지로 하고 있었다.

전직 보디빌더 출신인 그는 1979년 4명을 살해한 혐의로 체포되어 1981년에 사형 선고를 받았다. 하지만 그는 인종적으로 편향된 배심원단 구성과 증인의 신뢰성 문제를 계속 제기하며 무죄를 주장하였다. 수감 중에는 탈옥 시도를 하고 동료를 폭행하여 독방에 수감되기도 하였다.

그러나 그는 1990년대에 갑자기 반폭력 운동가로 변신하게 된다. 흑인 청소년들에게 갱단에 가입하지 말 것을 촉구하는 책을 8권이나 썼다. 또한 폭력적인 것에 반대한다는 메시지를 오디오를 통해 내보냈다. 이런 그의 활동은 나중에 영화로도 만들어졌다. 그리고 그는 2001년부터 노벨 평화상 후보로 추천되기 시작했다.

교도소 밖에서는 곧 그에 대한 구명 운동이 시작됐다. 노벨 평화상

수상자인 데스몬드 투투(Desmond Mpilo Tutu : 1931~) 주교와 영화「데드 맨 워킹」의 실제 주인공 헬렌 프리진 수녀가 구명 운동을 이끌었다. 영화에 출연했던 제이미 폭스, 수전 서랜던 등도 힘을 보탰다.

그러나 2005년 12월 13일, 윌리엄스에 대한 사형이 집행되었다. 교도소 밖에서 시위대가 "죄 없는 사람을 석방하라."며 구호를 외치는 동안 그는 팔에 독극물을 맞고 세상을 떠났다.

윌리엄스는 1977년 사형제 부활 이후 캘리포니아 주에서 열두 번째로 집행된 사형수였다. 그에 대한 사형 집행 이후 미국에서는 사형제 존폐에 대한 논란이 다시 들끓게 되었다.

12월의
모든 역사

12월 14일

■
·
·
■

1911년 12월 14일

스웨덴 탐험가 로알 아문센, 최초로 남극점에 도착하다

승리는 모든 것을 제대로 갖춘 자를 기다립니다. 우리는 그걸 성공이라고 부릅니다. 필요한 절차를 등한시한 자에게는 시간이 지난후에 반드시 실패가 찾아옵니다. 그리고 우리는 이것을 불행이라고부릅니다.

-로알 아문센

미국의 해군 장교이자 탐험가인 로버트 피어리(Robert Edwin Peary : 1856~1920)는 개썰매를 끌고 그린란드 북부에서 출발해 1909년 4월 6일 북극점에 도착하여 성조기를 꽂았다. 이에 자극을 받은 스웨덴의 로알 아문센(Roald Engelbregt Gravning Amundsen : 1872~1928)과 잉글랜드의 로버트 스콧(Robert Falcon Scott : 1868~1912)은 남극점을 최초로 밟기 위해 탐험 계획을 서둘렀다.

하지만 아문센과 스콧은 성격부터 남극점에 가고자 하는 이유 등등이 달랐다. 오슬로 근교 보르게에서 태어난 아문센은 오슬로 대학교에서 의학을 전공하던 의학도였다. 하지만 어머니가 돌아가시자 오랜 꿈인 극지방 탐험을 위해 곧바로 그만두었다. 그리고 산악지대와 빙하지대를 다니며 훈련을 거듭하였다. 1805년에 1등 항해사가 된 후에는 벨기에의 남극 탐험대에도 참가하였다. 이를 통해 아문센은 풍부한 항해 경험과 추운 지방의 오지에서도 살아남을 수 있는 생존법을 몸으로 익혔다.

반면에 스콧은 잉글랜드의 플리머스에서 태어났다. 1882년 해군에 입대하였으며, 1901년부터 1904년까지 디스커버리호를 타고 남극 탐험을 지휘하기도 하였다. 그는 해군 장교로 주어진 틀 안에서 행동하려는 경향이 있었다. 남극에 가려는 이유도 '한 번 가 보면 좋을 것 같아서'라는 다소 낭만적인 관점에서였다.

1911년 아문센의 탐험대와 스콧의 탐험대가 거의 비슷한 시기에 남극으로 향했다. 두 사람은 출발과 이동 방법을 달리 하였다. 아문센은 에스키모의 생존법을 선택했다. 그래서 짐승 털가죽으로 된 에스키모 방한복으로 추위를 견뎠다. 썰매는 추위에 강한 에스키모 개를 이용해 끌었다. 또한 아문센은 식량 무게를 최소한으로 줄이기 위해 약해진 개들을 잡아 식량으로 삼았다.

반면에 스콧은 유럽의 탐험 방식을 그대로 따라 하였다. 그래서 모직 방한복을 착용하고, 만주 벌판을 누비던 조랑말에게 썰매를 맡겼으며, 조랑말이 죽어도 먹지 않았다. 행군 속조가 느릴 수밖에 없었다.

결국 아문센은 스콧보다 35일 앞선 1911년 12월 14일에 세계 최초로 남극점에 도착했다. 그리고 모든 대원과 함께 96일 만에 노르웨이로 무사히 귀환하였다. 스콧은 이보다 한 달여가 늦은 1912년 1월 18일에 도착하였다. 하지만 이미 아문센 탐험대가 남극에 다녀간 사실을 알고 절망했다.

돌아오는 길에 스콧은 난관에 부딪혔다. 베이스캠프의 표식이 없었던 것이다. 결국 스콧의 대원들은 남극의 눈보라를 견디지 못하고 전원이 사망하였다.

한편 이후 아문센은 1926년 5월 11일 비행선 노르게호를 타고 북극 횡단 비행에도 성공하였다. 그리고 1928년 아문센은 이탈리아의 탐험가 움베르토 노빌레(Umberto Nobile : 1885~1978)가 북극 상공에서 조난당하자 구조대원으로 출동했다. 그러나 그 길로 아문센은 세상으로 돌아오지 못했다.

* 1909년 4월 6일 '미국의 탐험가 로버트 피어리, 북극점 도착' 참조

* 1912년 1월 18일 '영국 탐험가 스콧, 남극점 도착' 참조

* 1926년 5월 11일 '노르웨이의 탐험가 아문센, 비행선으로 북극 횡단' 참조

1970년 12월 14일

폴란드에서 12월 사건이 발생하다

1970년 12월 14일 폴란드 정부는 생활필수품 가격을 30%나 인상하였다. 당시는 1966년부터 시작된 제3차 5개년 계획이 실패로 돌아가 폴란드에 경제난이 가중되던 상황이었다.

결국 그단스크, 그디냐, 시체친 등 발트 해 연안 도시에서 노동자들이 폭동을 일으켰다. 이미 파업을 하고 있던 레닌 조선소 노동자와 주부 등 3,000여 명도 가세하였다. 이들은 공산당사와 경찰서를 습격하고 상점을 약탈했다. 이른바 '폴란드의 12월 사건'이 일어난 것이다.

이 폭동은 사상자 1,500여 명을 내고 1주일 만에 진정이 되었다. 하지만 1956년부터 14년이나 이어져 온 브와디스와프 고무우카(Władysław Gomułka : 1905~1982) 서기장을 퇴진시키는 성과를 냈다. 새로운 당 제1서기에는 에드바르트 기에레크(Edward Gierek : 1913~2001)가 선출되었다.

새로 들어선 정권은 일상생활과 관련된 실제적인 정책을 펼치시 시작했다. 생활필수품 가격은 동결했으며 저소득층의 임금을 인상했다. 또한 농촌에서 사회 보험을 확대하고 적극적인 무역 정책을 펴고 외자를 도입하기로 했다. 그에 따라 국민 소득이 60% 증가하고 실질 임금은 40% 증가하는 성과를 냈다. 하지만 이러한 성과 뒤에는 무역 수지의 악화가 있었고, 국내 소비는 다시 얼어붙었다.

그러자 12월 사건의 중심 인물이었던 레흐 바웬사(Lech Walesa : 1943~)가 1980년에 동구권 최초의 자유 노조인 '연대Solidarity'를 결성하였다.

폴란드 정부는 1981년 12월 계엄령을 선포하고 자유 노조를 불법화하였지만 이미 물결은 거스를 수 없었다. 동구권에 자유화 바람이 불고 소련의 해체가 이어졌다.

1900년 12월 14일

독일의 물리학자 막스 플랑크, 플랑크 상수 발견

'막스 플랑크의 연구로 물질이 원자들과 분자들로 이루어져 있다는 관점이 기본적으로 옳을 가능성이 극히 높아졌다. 이것이 그의 위대한 작업 가운데 가장 중요한 결실임은 의심의 여지가 없다.'

-스웨덴의 화학자 아레니우스의 노벨상 후보 추천문

독일의 물리학자 막스 플랑크(Max Karl Ernst Ludwig Planck : 1858~1947)는 1879년에 「열역학 제2법칙에 대하여」라는 논문으로 뮌헨 대학교에서 박사학위를 받았다. 하지만 이때 아무도 그의 논문을 중요하게 생각하지 않아 한탄만 하였다.

이후 베를린 대학의 교수가 된 플랑크는 열복사에 관심을 가지고 연구하던 중 1900년 12월 14일에 플랑크 상수(h)로 알려진 작용양자를 발견하였다. 이날은 고전 역학의 뿌리를 뒤흔든 양자역학이 탄생한 날이 되었다. 양자는 물리학에서 에너지 등의 물리적 성질을 나타내는 불연속적인 최소 단위의 물리량을 일컫는 말이다.

플랑크가 제안한 양자가설은 19세기 말에 연구되었던 뜨거운 물체에서 나오는 열복사를 설명하는 과정에서 나온 것이다. 열복사를 관찰

하면서 에너지가 연속적으로 전파되지 않고 양자量子라고 하는 뭉치로
전파된다고 가정했던 것이다.

이후 양자가설은 덴마크의 물리학자 닐스 보어(Niels Henrik David
Bohr : 1885~1962)가 발견한 원자 모형을 설명하는 데 유용하게 사용
되었다. 원자의 안정성과 원자가 흡수 또는 방출하는 빛의 스펙트럼을
설명할 수 있게 된 것이다.

알베르트 아인슈타인(Albert Einstein : 1879~1955)이 1905년에 발표한
특수상대성이론 역시 플랑크가 1900년에 발견한 작용양자를 알맞게
이용한 것이다.

* 1905년 6월 30일 '아인슈타인, 특수상대론이론에 대한 논문을 출판하다'
참조

1825년 12월 14일

러시아 페테르스부르크에서 데카브리스트 봉기 발생

'데카브리Dekabri'는 러시아어로 12월을 의미한다. 이 말에서 유래한 데
카브리스트Dekabrist는 러시아의 농노제를 폐지하고 차르의 전제 체제를
타도하고자 한 러시아 최초의 근대적 혁명가들을 일컫는다.

1812년 프랑스의 나폴레옹(Napoléon I : 1769~1821) 군대가 러시아를
침입한 후 물러나자 러시아군은 파리까지 추격을 했다. 이때 일부 청년
장교들은 서유럽의 자유주의 사상을 접하고 농노제에 머물고 있는 러

시아의 현실을 비판하기 시작했다.

결국 이들은 '비밀 결사'를 조직하고 새 황제에 오른 니콜라이 1세(Nikolai I : 1796~1855)에 대한 선서를 거부하고 봉기했다. 1825년 12월 14일의 일이었다. 비록 봉기는 곧 진압되었지만 혁명 정신은 1917년의 러시아 혁명으로 이어졌다.

―

1939년 12월 14일

영화 「바람과 함께 사라지다」 개봉

―

1936년 6월 21일 미국의 소설가 마가렛 미첼(Margaret Mitchell : 1900~1949)이 『바람과 함께 사라지다』를 출간하였다. 이 책은 출간된 그해에만 100만 부 이상이 팔리고, 이듬해인 1937년에는 퓰리처상을 받을 정도로 인기를 얻었다.

이에 동명소설을 원작으로 한 영화 「바람과 함께 사라지다」가 제작되었다. 600만 달러를 들여 3년이라는 제작 기간을 거쳤다. 3시간 37분짜리로 만들어진 이 영화는 1939년 12월 14일에 소설의 무대인 미국 조지아 주 애틀랜타에서 개봉됐다.

이 영화는 클라크 게이블과 비비안 리의 열연에 힘입어 상영 1년 만에 2,500만 명의 관객을 동원하였다. 또한 그해 아카데미 작품상과 감독상, 여우주연상 등 8개 부문을 휩쓰는 기록을 남겼다.

* **1936년 6월 21일** '미국의 소설가 마가렛 미첼, 『바람과 함께 사라지다』 출간' 참조

12월의
모든 역사

12월 15일

■
·
·
■

1993년 12월 15일

우루과이 라운드 협상이 타결되다

"오늘 이후로 세계 무역사의 이정표가 마련될 것이다."

-리언 브리튼, 유럽공동체EC무역 담당 집행위원

　　1986년 9월 우루과이의 푼타 델 에스테에서 개최된 '관세 및 무역에 관한 일반협정GATT' 각료회의에서 우루과이라운드UR 협상 출범이 선언 되었다. 이 협상이 열린 이유는 GATT 기능이 크게 약화되었기 때문이 었다. GATT 규정의 적용 회피, 예외 규정의 남용 사례, 이사회 결정 등 과 관련한 법적 구속력의 미미 등이 큰 문제였다.

　　또한 1980년대 이후 선진국 간, 선진국과 개발도상국 간 무역 불균 형이 확대된 것도 문제였다. 보호주의와 지역주의의 추세가 확대되었 고, 첨단 기술 상품의 무역 증대, 서비스 무역의 급증, 세계화에 따른 해 외 투자 증대로 지적재산권 · 서비스 교역 · 해외 투자와 관련된 분쟁이 증대되었던 것이다. 그러나 이에 대한 규범은 없었다.

　　이에 따라 UR 협상은 1990년 12월을 타결 시한으로 잡고 다음과 같 은 것을 논의하기 시작하였다.

　　① 관세 인하 및 비관세 장벽의 완화 내지 철폐
　　② 동경라운드 다자간 무역 협상MTN 협정의 보완, GATT 조문의 보완 및 기능 강화, 분쟁 해결 절차 강화 등 GATT 체제의 강화
　　③ 지적재산권, 서비스, 무역 관련 투자 조치 등 새로운 분야의 국제 규범 을 마련

　　이 협상의 총괄은 무역협상위원회TNC에서 담당했다. 산하에는 시장 접근 · 농산물 · 지적재산권 등 14개 의제를 다루는 상품 협상 그룹GNG과 서비스 1개 의제를 다루는 서비스 협상 그룹GNS도 두었다. 또한 GATT에 위배되는 기존 조치들을 동결 · 철폐하겠다는 각료회의 합의 사항의 이 행 여부를 감시하는 기구도 두었다.

이 협상은 과거에 있었던 7차례 협상과 차이가 있었다. 동구권까지 시장경제로 편입된 상황을 반영해 광범위한 의제를 다룬 것이다. 의제 범위가 넓은 만큼 여러 가지 문제도 발생했다. GATT 체제를 강화하는 반反덤핑 관세도 문제였고, GATT 체제 밖에 있었던 농산물, 섬유류, 지적재산권 협상도 순조롭지 않았다.

결국 1991년 4월에 협상 그룹 재조정이 시작되었다. 시장 접근, 농산물, 섬유류, 서비스, 규범 제정, 지적재산권, 제도적 문제 등 7개 그룹으로 나뉜 것이다. 그리고 마침내 1993년 12월 6일 미국과 EU 간 주요 쟁점에 대한 합의가 이루어졌다. 그 결과, 당초의 타결 시한보다 3년 늦은 그해 12월 15일 스위스 제네바에서 117개 국가가 참가한 가운데 UR 협상이 타결됐다.

그리고 다음해인 1994년 4월 모로코의 마라케시에서 열린 각국의 각료급 회의에서 최종협정문이 가조인되면서 협상은 완전 타결되었다. 「UR 다자간 무역협상 결과를 구현하는 최종의정서」였다. 이 협상의 주요 타결 내용을 분야별로 살펴보면 다음과 같다.

1. 관세 분야 : 관세율 크게 인하(선진국 6.3%→ 3.8%, 개도국 15.3% → 12.3%), 일부 분야는 무세화 또는 관세조화 마련

2. 농산물 분야 : 국내의 가격 차를 관세 상당치로 전환하는 예외 없는 관세화, 관세 및 관세 상당치 인하, 국내 보조금 및 수출 보조금 감축 등을 합의

3. 무역 관련 투자 조치 : 수출 의무, 국산 부품 사용 의무, 외환수지 · 무역수지 균형 의무 등 상품 교역을 제한하는 투자 조치 폐지

4. 반덤핑 조치 및 보조금 · 상계 조치 : 제소 자격 강화, 소멸 시효 규정 등

발동 요건 강화

5. 긴급 수입 제한 조치 : 수출 자율 규제, 시장질서 유지 협정 등 회색 조치를 철폐하고 긴급 수입 제한 조치의 기준 및 절차 마련

6. 서비스 협상 : 최혜국 대우, 내국민 대우, 양허표 제출 등 서비스 교역의 규범 마련

7. 분쟁 해결 분야 : 분쟁 해결 전담 기구, 분쟁 해결 절차 시한 규정 등 통일된 분쟁 해결 규정 마련

이 협상의 결과 여러 가지 문제가 해결되면서 세계 무역 확대 및 경제 성장에 기여할 수 있게 되었다. 지역주의 확산 억제, 국제 무역의 안정성 및 예측 가능성 제고, 관세 및 비관세 장벽의 완화, 불공정 무역 관행에 대한 규율 강화, 세계무역기구wto의 창설 및 강력한 권한 행사, 서비스 · 지적재산권 · 무역 관련 투자 등 새로운 분야에 대한 규범 마련, 통일된 준사법적 분쟁 해결 절차 도입 등이 그 내용이었다.

한편 UR가 완전 타결되면서 GATT는 그 존재 의의를 잃게 되었다. 그에 따라 WTO가 그 자리를 대신하게 되었다.

* 1947년 10월 30일 '관세 및 무역에 관한 일반 협정이 체결되다' 참조
* 1995년 1월 1일 '세계 무역 기구wto 출범' 참조

1987년 12월 15일

아메드 야신, 하마스 창설

1987년 12월 15일 셰이크 아메드 야신(Sheikh Ahmed Yassin : 1937~2004)이 동료 7명과 함께 이슬람 저항 운동 단체인 하마스Hamas를 창설했다. 하마스는 '열정'이라는 뜻이다.

창설자 야신은 어릴 때 사고로 사지가 마비돼 평생 휠체어에 의지하면서도 독립 투쟁을 이끈 팔레스타인의 정신적 지도자였다. 야신의 지도 아래 하마스는 팔레스타인 점령지를 중심으로 타협 없는 반反이스라엘 무장 투쟁을 전개해 나갔다. 그런가 하면 가난에 빠져 있는 팔레스타인 사람들의 생활고를 해결하는 데 적극 나서기도 했다.

이로 인해 야신은 팔레스타인 사람들에게 추앙을 받는 인물이 되었다. 그러나 반대로 이스라엘에게는 살해 표적이 되었고, 서방사회에서도 그를 테러 집단의 우두머리로 취급했다.

결국 2004년 3월 22일, 이스라엘 가자 지구의 모스크에서 새벽 예배를 마치고 나오던 야신은 이스라엘의 공격을 받고 사망하였다. 이스라엘 총리 아리엘 샤론(Ariel Sharon : 1928~)이 로켓을 이용해 야신을 제거할 것을 지시했던 것이다.

* 2004년 3월 22일 '팔레스타인 저항 운동 무장 단체 하마스의 창설자 야신 피살' 참조

1989년 12월 15일

파트리시오 아일윈, 칠레 민선 대통령에 당선

칠레의 독재자 아우구스토 피노체트(Augusto Jose Ramon Pinochet Ugarte : 1915~2006) 대통령이 1988년 10월 6월에 실시한 대통령 집권 연장 찬반 투표에서 패배하였지만 사임을 거부하였다. 그는 미국의 지원을 받은 쿠데타로 살바도르 아옌데(Salvador Isabelino Allende Gossens : 1908~1973) 대통령을 암살하고 정권을 잡은 인물이었다. 결국 칠레 국민들은 이듬해에 있을 선거만 바라보게 되었다.

그리고 1989년 12월 15일 치러진 대통령 선거에서 파트리시오 아일윈(Patricio Aylwin : 1918~)이 승리하였다. 칠레의 민선 대통령으로 당선됨으로써 16년간의 군부 독재를 종식시키게 된 것이다.

기독민주당 출신의 변호사인 아일윈은 노련한 정치가로 평가받고 있다. 당시 사분오열되어 있던 야당들이 선거를 통해 정치적 동맹 관계를 맺도록 단결시킨 공로이다.

하지만 아일윈은 인권 유린에 책임이 있는 피노체트 전 대통령을 재판하지는 못했다. 그리고 1993년 에두아르도 프레이(Eduardo Alfredo Juan Bernardo Frei Ruiz-Tagle : 1942~)에게 대통령 자리를 넘겨주었다.

* 1973년 9월 11일 '칠레의 대통령 살바도르 아옌데 피살' 참조
* 1988년 10월 6일 '칠레 대통령 피노체트 사임 거부' 참조

12월의
모든 역사

12월 16일

.
.
.

1773년 12월 16일

보스턴 차 사건이 발생하다

"영국 의회는 최고의 권위인 영국 헌법을 준수해야 한다. 어떤 법률도 헌법과 대헌장에 위배되면 효력을 발휘할 수 없다. 영국 헌법의 가장 큰 힘은 인간의 이성과 물체의 본질을 중시한 자연법에 따라 나온 것에 있다."

-새뮤얼 애덤스

1756년부터 1763년까지 7년여에 걸쳐 영국은 프랑스와 전쟁을 치렀다. 그 결과, 북아메리카와 인도에 있던 프랑스 영토를 빼앗아 유럽 강대국으로서의 지위를 확립했다. 하지만 긴 전쟁으로 재정은 고갈된 상태였다.

이에 영국은 아메리카 식민지에서 그동안 묵인해 오던 밀무역을 단속하고 관세를 강화하기 시작하였다. 또한 1764년과 1765년에는 설탕법과 인지세법 등을 제정하여 세입을 확대하려고 했다. 그리고 1767년에 영국은 타운센드 법안을 제정했다. 식민지 의회를 일시 정지시키고 식민지에 세금을 엄격하게 부과하는 내용이었다. 영국의 식민지에 대한 권위를 내세우는 것이 목적이었다. 식민지인들은 거세게 항의하였지만 영국은 멈추지 않았다.

그러던 1773년 5월 영국 수상 프래드릭 노스(Frederick North : 1732~1792)는 동인도회사의 재정난 해결을 위해, 미국 식민지 상인의 차茶 밀무역을 금지시켰다. 또한 동인도회사에게 독점권을 부여하고 수출세를 면제해 주는 등의 특혜 보장을 내용으로 하는 관세법을 제정하였다.

이후 동인도회사는 막대한 양의 차를 식민지로 실어 날랐다. 그러나 식민지 상인들은 차를 사지 않겠다고 응수하였고, '급진파였던 '자유의 아들들Sons of Liberty'은 차를 산 사람들을 협박하기 시작했다. 이 때문에 많은 동인도회사 대리점들이 문을 닫았고 차를 실은 배들은 다시 영국으로 돌아가야만 했다.

그런데 보스턴에서 보다 긴급한 사건이 벌어졌다. 1773년 12월 16일 동인도회사 소속의 다트머스호가 보스턴 항구에 닻을 내릴 무렵, 시내에서는 대규모 집회가 열렸다. 이들은 영국 의회와 정부, 동인도회사를 비난하였다. 특히 정치가 새뮤얼 애덤스(Samuel Adams : 1722~1803)는

"이 집회에서 할 수 있는 일은 우리 국가인 식민지를 구원하는 것이다."
라며 영국 규탄 연설을 하였다.

집회가 끝나자 인디언으로 위장한 150여 명의 청년들이 다트머스호
로 달려가 배를 습격하였다. 이들은 "보스턴 항구를 차 주전자로 만들
자."고 외치며 1만 파운드 상당에 해당하는 342개의 인도산 차 상자들
을 바다에 던졌다. 이것이 미국 독립 혁명의 불씨가 되는 이른바 '보스
턴 차 사건'이었다.

이에 앞서 1770년 3월에는 보스턴 주둔 영국군이 주둔군 숙사 앞에
모여 있던 군중에게 발포해 다섯 명의 사망자를 낸 이른바 '보스턴 학
살 사건'이 터지기도 했다. 보스턴을 중심으로 본국 군인과 식민지 주
민 사이의 관계는 언제나 일촉즉발의 상태였다.

소식을 들은 영국 정부는 보스턴 항을 봉쇄하고 매사추세츠 주의 자
치 선거를 금지하는 등의 강경책을 썼다. 또한 군대를 주둔시켜 손해배
상까지 요구하였다. 그러나 이것은 되레 아메리카 식민지들의 반발만
키웠다.

1774년 9월, 전 식민지 대표 50여 명이 필라델피아에 모여 제1차 대
륙회의를 열고 영국군에 대항할 전략을 세웠다. 급기야 1775년 4월에
는 보스턴의 서쪽 교외 렉싱턴과 콩코드 부근에서 영국군과 급진파 식
민지 주민 사이에 무력 충돌이 일어났다. 이것은 결국 미국 독립 전쟁
으로 이어졌다.

* 1765년 3월 23일 '영국 의회, 인지 조례 통과' 참조

* 1775년 4월 19일 '미국 독립 전쟁 콩코드 전투가 시작되다' 참조

* 1776년 7월 4일 '미국, 필라델피아에서 독립 선언을 하다' 참조

1775년 12월 16일

영국의 여류 소설가 제인 오스틴 출생

혼자 살고 있는 남자가 많은 재산을 가지고 있으면 사람들은 그에게 아내
가 필요할 것이라고 생각할 것이다. (중략) 딸을 갖고 있는 부모들은 대체
로 혹시 그를 사위로 삼게 되지는 않을까 하는 생각을 하게 된다.

-제인 오스틴, 『오만과 편견』

하트포드셔의 작은 마을, 5명의 딸을 둔 베네트의 옆집에 젊은 신사
빙리와 다아시가 이사 온다. 어느 날 다아시는 둘째 딸인 엘리자베스에
게 청혼하지만, 그녀는 겉치레에 신경 안 쓰는 다아시를 오만한 남자라
고 생각하여 청혼을 거절한다. 그러나 시간이 지나면서 엘리자베스는
첫인상이 결코 중요하지 않다는 것을 느낀다. 자기가 오만하다고 생각
했던 다아시가 생각이 깊고 너그러운 사람임을 깨닫게 된 것이다. 결국
그녀는 자기의 편견을 버리고 다아시에게 다가간다.

『오만과 편견』의 작가 제인 오스틴(Jane Austen : 1775~1817)은 영국
인들이 사랑하는 작가이다. 영국의 BBC가 조사한 '최고의 문학가' 중
에서 윌리엄 셰익스피어(William Shakespeare : 1564~1616)에 이어 2위
를 차지할 정도이다.

그녀는 1775년 12월 16일 영국 햄프셔의 스티븐턴이라는 마을에서
태어났다. 부모 모두 문학에 관심이 많았다. 이 때문인지 그녀는 12세
때부터 글을 쓰기 시작하였으며, 22살에 『첫인상』이라는 작품을 완성
하였다. 하지만 출판은 되지 않았다.

오스틴은 1809년에 추턴으로 이사하면서 작가 생활에 몰두하였고, 1811년에『이성과 감성』을 처녀 출판하였다. 이후『오만과 편견』(1813)·『맨스필드 공원』(1814)·『엠마』(1815) 등의 대표작들을 발표하였다. 영국의 문학가 월터 스콧(Walter Scott : 1771~1832)은 오스틴을 새로운 사실주의 전통을 여는 '현대적 소설의 대표자'로 평가하였다.

1689년 12월 16일

영국, 「권리 장전」 공포

영국 의회는 1689년 2월 13일에 왕관과 함께 「권리 선언」을 제출하였다. 이 선언은 약간의 수정을 거쳐 그해 12월 16일에 「권리 장전」으로 공포되었다. 정식 명칭이 「신민의 권리와 자유를 선언하고 왕위 계승을 정하는 법률」인 「권리 장전」은 영국이 절대주의를 끝내고 의회정치의 기틀을 놓은 중요한 법률 문서로 평가받는다.

이로써 의회의 입법권과 의회의 승인 없는 과세의 금지, 의회 안의 언론 자유 등 국민과 의회의 권리가 최종적으로 확인되었다. 주요 내용을 보면 다음과 같다.

제1조 : 국왕은 의회의 동의 없이 왕권에 의해 법의 효력을 정지하거나 법의 집행을 정지할 수 있다고 주장하지만 이것은 위법이다.

제2조 : 국왕은 왕권에 의해 법률을 무시하거나 법률을 집행하지 않아도 되는 권한이 있다고 주장하며, 최근과 이와 같은 권한을 행사했다. 하지만 이것은 위법이다.

제4조 : 대권이라는 이름을 빌어서 의회의 승인 없이, 의회가 인정하고 또는 인정해야 할 기간보다 오랜 기간 또는 의회가 인정하고 또는 인정해야 할 방법과 다른 방법으로, 왕이 사용하기 위해 금전을 징수하는 것은 위법이다.

제6조 : 평상시에 의회의 승인 없이 국내에서 상비군을 징집하여 유지하는 것은 위법이다.

제8조 : 의원 선거는 자유로워야 한다.

제9조 : 의회에서 언론의 자유나 토론 또는 의사 절차는, 의회 이외의 어떠한 재판소나 장소에서도 탄핵되거나 문제 삼아서는 안 된다.

제13조 : 모든 불편을 없애고, 법을 수정 강화시키기 위하여 의회는 알맞은 때에 열려야 한다.

영국의 「권리 장전」은 이후 미국 헌법과 프랑스 인권 선언에 영향을 주어 영국뿐 아니라 여러 나라의 입헌정치 발달에 큰 공헌을 하였다.

* 1689년 2월 13일 '영국 의회, 「권리 선언」 제출' 참조

12월의
모든 역사

12월 17일

1903년 12월 17일

라이트 형제, 세계 최초로 비행에 성공하다

'4차례 비행 성공. 평균 속도 31마일, 최장 57초. 언론에 알리기 바람. 크리스마스까지는 집에 돌아감.'

-비행에 성공한 라이트 형제가 아버지에게 보낸 전보 내용

태양까지 날아오르다 날개를 붙인 밀랍이 녹는 바람에 추락해 죽은 이카루스 신화는 '날고 싶다'는 인간의 오랜 욕망을 표현한 것이다. 실제로 고대인들은 새 깃털을 몸에 달고 비상을 시도하기도 했다.

그 후 1785년 프랑스의 발명가 몽골피에 형제가 더운 공기를 채운 기구를 이용해 하늘을 날게 된다. 이로써 인간의 첫 번째 비상의 꿈이 이루어졌다. 그리고 19세기에 들어서면서 인간은 동력 비행을 꿈꾸기 시작하였다.

1896년 자전거포를 운영하던 윌버 라이트(Wilbur Wright : 1867~1912)와 오빌 라이트(Orville Wright : 1871~1948) 형제는 한 신문기사를 읽게 되었다. 거기에는 2,000개 이상의 글라이더를 만들어 타다 사고로 죽은 독일의 글라이더 비행사 오토 릴리엔탈(Otto Lilienthal : 1848~1896)의 부고가 실려 있었다.

이때부터 라이트 형제는 관련 자료를 뒤지기 시작했다. 동력을 이용해 하늘을 날고자 하는 사람이 도처에 있었다. 따라서 대부분의 자료는 쉽게 얻을 수 있었다. 하지만 하늘을 날 때 어떻게 균형을 유지할 것인가 하는 문제는 해결하지 못하였다.

그러던 어느 날, 형 윌버는 자유롭게 하늘을 날고 있는 흰머리수리 한 마리를 보았다. 한쪽 날개를 위로 치켜 올리고 다른 쪽 날개는 밑으로 내려 방향을 바꾸고 있었다. 윌버는 그 원리를 어떻게 이용할 것인가 생각했다.

'도르래를 이용하면 되겠다. 서로 반대 방향으로 움직이는 줄을 날개에 붙이면 한쪽 날개를 올릴 때 다른 쪽 날개를 내릴 수 있을 거야!'

　월버는 도르래 원리를 이용해 마침내 하늘을 날 수 있는 엔진과 프로펠러를 제작하였다. 그리고 1903년 12월 14일, 미국 노스캐롤라이나 주 키티호크 인근 킬데빌 언덕에서 월버는 '플라이어 1호'라는 이름을 붙인 동력 기계를 타고 처음으로 이륙을 시도하였다. 플라이어호는 뜨는가 싶더니 이내 땅으로 곤두박질쳤다. 더군다나 월버는 부상까지 당하였다.

　그로부터 3일 후인 12월 17일, 이번에는 동생 오빌이 플라이어 1호 조종석에 앉았다. 그가 엔진에 시동을 걸자 비행기가 움직이기 시작하였다. 그리고 12초 동안 36m 하늘에 머물렀다. 짧은 시간이었지만 세계 최초로 비행에 성공하는 순간이었다.

　하지만 라이트 형제의 세계 최초 비행 성공 사실은 그로부터 2년이 지나서야 세상에 알려지게 되었다. 이들은 활공하기 좋게 설계한 날개, 날개의 앞부분을 상하로 움직일 수 있는 승강 키, 그리고 비행기가 좌우로 움직일 수 있도록 수직 테일핀을 단 방향키 등을 갖춘 최초의 동력 비행기 '플라이어 3호'를 타고 38분 동안 45km 비행에 성공했을 때였다.

플라이어 1호

　이후 라이트 형제는 비행기 개발에 더욱 노력하여 1906년에 '나는 기계'로 미국에서 특허를 얻었다. 그리고 이듬해에는 '아메리칸 라이트 비행기'라는 비행 관련 회사를 세웠다.

　그로부터 비행기 제

작은 눈부신 발전을 거듭해 1909년에는 프랑스의 루이 블레리오가 3기통 엔진을 부착한 비행기를 타고 도버해협을 34분 만에 횡단하기도 하였다. 제1차 세계 대전부터 비행기가 진가를 발휘하였으며, 1930년대부터는 민간항공이 발달하기 시작하였다.

한편 2012년 현재 세계 최초로 비행을 시도한 플라이어 1호는 미국 스미스소니언 협회 산하 항공우주 박물관에 전시되어 있다.

—

1830년 12월 17일

남미의 독립운동 지도자 시몬 볼리바르 사망

—

"나 자신의 명예와 하느님의 이름으로 그리고 내 조국의 이름으로 맹세한다. 나의 마음과 나의 팔뚝은 스페인의 권력이 우리를 속박한 그 사슬을 깨뜨릴 때까지 한시도 쉬지 않을 것이다."

-1805년 볼리바르가 시몬 로드리게스 앞에서 행한 선서

시몬 볼리바르(Simon Bolivar : 1783~1830)는 1783년 베네수엘라 카라카스에서 스페인계 귀족의 아들로 태어났다. 하지만 그가 10세가 되기도 전에 부모님이 모두 돌아가셨기 때문에 할아버지와 외삼촌 아래에서 자라났다.

부모로부터 광대한 농장과 노예를 재산으로 물려받았기 때문에, 볼리바르는 16세가 되던 1799년에 다른 남미의 상류층 청년들과 마찬가지로 유럽 여행을 떠날 수 있었다. 스페인에서 만난 베네수엘라 출신의 여인과 결혼했지만 열병으로 부인이 죽어 19세에 홀아비가 되었다. 이

후 결혼을 하지 않았다.

유럽에서 볼리바르는 프랑스의 사상가 샤를 몽테스키외(Charles-Louis de Secondat Montesquieu : 1689~1755) · 장 자크 루소(Jean-Jacques Rousseau : 1712~1778)의 철학과 정치학 책들을 읽으면서 고국의 비참한 처지를 깨달았다. 특히 프랑스 혁명은 그에게 큰 힘을 주었다.

1805년에 그는 로마 아벤티누스 언덕의 정상에 올라 개인교사인 시몬 로드리게스(Simon Rodriguez : 1769~1854) 앞에서 독립과 혁명을 위한 투쟁을 선언하였다. 2년 후인 1807년 프랑스 나폴레옹이 스페인을 침략하자 스페인에 속해 있던 중남미 식민지들은 독립을 할 수 있는 기회를 얻었다. 그해 볼리바르는 미국을 거쳐 베네수엘라로 돌아왔다.

베네수엘라는 1810년 4월에 스페인 총독을 추방하고 이듬해 7월에 공식적으로 독립 선언을 하였다. 볼리바르는 귀국 후 반정부 투쟁에 참여하였다가 신생 독립국의 장교가 되었다. 하지만 1812년에 스페인군이 쳐들어와 당시 독립 운동 지도자였던 미란다를 체포하자 볼리바르는 베네수엘라를 탈출했다. 이후 4차례나 망명 생활을 거듭했다.

1819년에 그는 독립군을 모아 안데스 산맥을 넘었다. 그리고 콜롬비아에 주둔하던 스페인군을 공격하여 결정적인 승리를 거두었다. 이 승리를 계기로 볼리바르의 군대는 1821년에 콜롬비아를, 1822년에는 에콰도르를 해방시켰다. 그리고 1822년 7월, 아르헨티나와 칠레를 해방시킨 산마르틴(San Martin : 1778 ~ 1850)과 역사적인 회담을 가졌다. 산마르틴으로부터 모든 권한을 물려받은 볼리바르는 스페인의 마지막 식민지인 페루를 1824년에 독립시켰다.

이후 베네수엘라, 콜롬비아, 에콰도르 세 나라를 합친 대콜롬비아 공화국의 대통령이 된 볼리바르는 미국에 대응하기 위해 하나로 통일된 라틴아메리카를 건설하려고 했다. 이를 위해 1826년에 남미 지역 의회를 소집하였지만 오히려 대콜롬비아 공화국에서 내란이 일어나 베네수엘라와 에콰도르가 분리되었다.

심한 좌절감을 맞본 볼리바르는 공화국의 평화를 위해 1830년 대통령직에서 사임하였다. 하지만 조국인 베네수엘라에서도 그를 받아들이지 않았다. 볼리바르는 유럽으로 가려 했으나 그마저 여의치 않았다. 결국 한 스페인 사람의 초대를 받아 지내다 그해 12월 17일 결핵으로 사망하였다.

—

1996년 12월 17일

페루 게릴라, 일본 대사관 점거

—

1996년 12월 17일 페루의 수도 리마에 있는 일본 대사관에서는 아키히토 일왕 생일 기념 축하 리셉션이 열리고 있었다.

이때 웨이터로 위장한 좌익 게릴라 투팍 아마르 혁명운동MRTA 소속 무장괴한들이 폭탄을 터뜨리며 대사관저를 점령했다. 이들은 우리나라의 이원영 대사를 포함, 일본과 브라질, 쿠바, 볼리비아 대사 등 400여 명의 사람들을 인질로 잡았다. 수감된 동료들의 석방과 신자유주의 정책 폐지가 요구 조건이었다. 하지만 페루의 후지모리 정부는 협상을 거절하고 강경하게 대응했다.

인질범들이 일부 인질들을 석방하며 유화적인 모습을 보이자, 페루 정부는 인질의 요청으로 들여보낸 물품에 도청기를 설치하여 상황을 파악했다. 그리고 페루의 특수부대 군인 140여 명이 대사관을 급습하여 총격전을 벌인 끝에 범인들을 전원 사살하였다.

한편 인질범이 인질에게 동화되어 공격적인 태도가 완화되는 현상을 가리키는 '리마 증후군'이라는 말이 이 사건을 통해 일반화되었다.

12월의
모든 역사

12월 18일

■
.
■

1865년 12월 18일

미국, 노예제를 공식적으로 폐지하다

"평등에 토대를 둔 제도를 갖고 있다고 공언하면서도 노예 제도를
유지하는 나라는 미국뿐이다."

-존 스튜어트 밀, 영국의 철학자

1619년 아프리카 흑인들이 네덜란드의 범선 한 척에 실려 영국의 식민지였던 아메리카 대륙의 버지니아에 처음으로 도착하였다. 당시 유럽계 백인들은 담배·설탕, 그리고 후에 목화를 재배하게 되는 수익성이 높은 농장을 개발하고 있었다. 그래서 백인들은 아프리카인들을 노예로 부리고자 했다. 흑인 노예를 최초로 받아들인 버지니아 주는 1662년 노예 제도를 법으로 정하였다.

1680년 이후부터 흑인 노예의 수는 급속도로 늘어나게 되었다. 1681년에는 버지니아에 2,000명가량의 노예가 있었지만, 19세기 중엽에는 아메리카 대륙의 노예 수가 400만 명 이상으로 늘어났다.

당시 유럽에서는 계몽주의가 발전하면서 노예제에 대한 도덕적 혐오감이 널리 퍼지기 시작했다. 영국과 미국에 노예무역 폐지를 주장하는 사회단체들도 만들어졌다. 그리고 1834년 8월 영국이 노예 해방 선언을 발표하자 미국에서도 본격적으로 노예제 폐지 운동이 시작됐다.

하지만 미국에서의 노예 폐지 운동은 진척이 없었다. 상공업이 발전한 북부에서는 자유로운 신분의 노동자가 필요하였지만, 면화를 주로 생산하는 남부에서는 농장에 거주하며 노동할 노예가 필요했던 것이다.

결국 1861년에 노예제 폐지와 관련하여 미국의 11개 주 사이에 전쟁이 일어났다. 남북전쟁의 시작이었다. 전쟁이 한창이던 1862년 9월 에이브러햄 링컨(Abraham Lincoln : 1809~1865) 대통령은 '노예 해방 예비 선언'을 발표하고 1863년 1월 1일 '노예 해방 선언문'을 공포하였다. 그러자 남부의 흑인들이 대거 북부로 넘어왔다. 유럽 국가들은 남부 동맹을 지원하려던 계획을 거두었다.

남북전쟁이 연방군의 승리로 끝나자 미국 정부는 1865년 12월 18일 제13차 헌법 개정안을 통해 노예제를 공식적으로 폐지하였다. '노예제는 미국 연방 및 미국 연방의 관할에 속하는 어떤 지역에서도 금지된다'는 내용이었다.

하지만 이후 미국에서 흑인에 대한 차별까지 없어지지는 않았다. 1896년에는 공공장소에서의 인종 격리를 법적으로 인정하는 연방대법원 판결이 나오기까지 했다. 1956년까지 흑인들은 버스에서 백인들의 옆자리에 앉을 수도 없었다. 1964년에 가서야 투표 · 교육 · 고용 · 공공시설 이용 등에서 차별을 금지하는 민권법이 통과되면서 비로소 인종 차별이 사라지기 시작했다.

2012년 현재 노예제는 미국뿐만 아니라 세계 어느 나라 정부로부터도 법으로 인정받지 못하고 있다.

* 1834년 8월 1일 '영국, 노예 해방 선언 발표' 참조

* 1863년 1월 1일 '링컨 대통령, 노예 해방 선언문 발표' 참조

* 1865년 4월 9일 '미국 남북 전쟁이 종식되다' 참조

* 1896년 5월 18일 '미국 연방대법원, 공공장소에서의 인종 격리를 법적으로
  인정' 참조

* 1955년 12월 1일 '로자 파크스, 몽고메리 버스 보이콧에 불을 당기다' 참조

* 1956년 11월 13일 '미국 법원, 공공버스의 인종 차별은 위헌이라는 판결을
  내리다' 참조

—

1892년 12월 18일

차이코프스키의 발레 「호두까기 인형」, 러시아 상트페테르부르크에서 초연

—

1892년 12월 18일 러시아의 작곡가 표트르 차이코프스키(Piotr Ilyitch Tchaikovsky : 1840~1893)가 만든 발레 「호두까기 인형The Nutcracker」이 러시아 상트페테르부르크에 있는 마린스키 극장에서 초연되었다. 하지만 초연 당시 「호두까기 인형」은 평론가들로부터 호평을 받지는 못했다. 이전에 내놓았던 「백조의 호수」 「잠자는 숲 속의 미녀」 등도 관객과 평단으로부터 외면을 받았던 터라 차이코프스키는 다시 한 번 좌절하지 않을 수 없었다.

이 작품의 원작은 독일 작가 에른스트 테오도어 빌헬름 호프만(Ernst Theodor Wilhelm Hoffmann : 1776~1822)의 「호두까기 인형과 생쥐의 왕」이라는 동화였다. 하지만 차이코프스키는 다소 음울한 분위기였던 원작을 버리고 프랑스의 작가 알렉상드르 뒤마(Alexandre Dumas : 1824~1895)가 각색한 작품을 원전으로 택하였다.

크리스마스이브 때 소녀 클라라가 호두까기 인형을 선물로 받으면서 시작되는 「호두까기 인형」은 남녀 악마의 깜찍한 춤, 인형들이 펼치는 중국 · 러시아 · 프랑스 · 스페인 · 인도 등 각국의 춤, 꽃의 왈츠, 눈의 왈츠 등이 펼쳐지며 어른과 아이들 모두 즐길 수 있는 가족용 발레였다.

결국 이 작품은 차이코프스키가 죽은 뒤에 진가를 인정받았다. 특히 1944년 미국에서 공연될 때 큰 평가를 받으며 관객들의 인기를 끌었다. 이후 미국은 물론 전 세계에서 매년 수백 개가 넘는 단체가 이 공연을 무대에 올리고 있다.

1947년 12월 18일

미국 영화감독 스티븐 스필버그 출생

"어릴 때 장난감 기차를 플라스틱 선로 위에 올려놓고 충돌 사고를 카메라에 담았다. 그렇게 하다 필름을 돌려 보았더니 손바닥만한 기차가 수십 톤이나 되는 기관차로 보였다."

스티븐 스필버그(Steven Spielberg : 1946~)는 1947년 12월 18일 미국 오하이오 주에서 신시내티에서 태어났다. 그가 12세 때 피아니스트였던 어머니는 아버지에게 8mm 무비카메라를 선물했다.

그러나 카메라는 아버지의 손을 떠나 호기심 많은 아들의 제1호 재산목록으로 바뀌었다. 그때를 이렇게 회상했다.

"아버지는 캠핑을 가면 항상 가족을 찍거나 경치를 찍었죠. 나는 바꿔 보고 싶었어요. 참다못해 아버지에게 말했죠. '아빠, 내가 가족 전속 카메라가 될게요.' 아버지는 웃으며 카메라를 건네주더군요.

그때부터 아버지는 내 지시를 따랐죠. 생선을 다듬으려고 칼을 꺼내 준비를 할 때면 내가 '액션!'이라고 외쳐야 아버지가 생선을 다듬었어요. '13세 미만 관람 가능' 영화는 이렇게 만들어졌습니다."

스필버그는 이런 아버지의 응원에 힘입어 12세 때 처음으로 아마추어 8mm 영화 「어드벤처」를 만들었다. 어린 스필버그는 당시 영화말고는 아무것도 할 수 없었다. 아버지는 착잡한 마음으로 아들을 바라보았지만 일을 말리지는 않았다. 딸에게 '괴팍한 예술가'라고 불린 어머니는 아들의 재능을 살릴 수 있도록 이끌었다. 아들이 학교에 가기 싫어 꾀병을 부리면 이렇게 말했다.

"어머, 열이 굉장히 높구나. 안 되겠다. 오늘은 학교에 가지 말고 푹 쉬어라."

아들이 이렇게 공부를 싫어하고 영화에만 매달리니 성적이 좋을 리가 없었다. 고등학교 3년 내내 바닥을 달리고 있었다. 특히 수학과 체육은 심각했다. 아버지는 아들에게 수학을 가르치려고 아침 일찍부터 깨웠지만 소용이 없었다.

"아버지는 내가 문제를 풀려고 손가락으로 수를 셀 때마다 고개를 돌리고 크게 한숨을 내쉬더군요."

하지만 영화에 대한 열정은 세계적인 감독으로 성장한 오늘날에도 여전하다.

"나는 크레용과 목탄을 사용하여 필름 한 토막인 1초 24프레임으로 내 인생을 표현할 수 있다."

이러한 스필버그의 열정이 「조스」 「E.T」 「인디애나 존스」 「쉰들러리스트」「쥐라기 공원」 등을 만들었다.

* 1982년 12월 4일 '영화「ET」 개봉' 참조
* 1993년 6월 11일 '영화「쥐라기 공원」, 뉴욕에서 개봉' 참조

1944년 12월 18일

프랑스 일간신문 「르 몽드」 창간

「르 몽드」에서 몽드Monde는 영어의 월드World에 해당하며 르le는 정관사 (the)이므로 르몽드는 '세계'라는 뜻이다.

이 신문은 1944년 8월 파리가 나치로부터 해방된 후 레지스탕스 운동에 참여했던 법학자 위베르 뵈브 메리(Hubert Beuve-Mery : 1902~1989)의 주도로 1944년 12월 18일에 창간되었다.

프랑스의 드골 정부는 「르 몽드」를 대표적인 정론지로 만들기 위해 100만 프랑을 지원했다. 하지만 「르 몽드」는 정부와 자본으로부터 독립하려는 노력을 지속하였다.

이름과 같이 국제 문제에 큰 비중을 두고 있으며, 2012년 현재 「르 몽드」 주식의 대부분은 300여 명에 이르는 전·현직 기자들이 가지고 있다.

1971년 12월 18일

미국 워싱턴에서 스미스소니언 협정 체결

1971년 12월 18일 미국 워싱턴의 스미스소니언Smithsonian 박물관에서 10 개국 재무장관회의가 열렸다. 이 회의에서 장관들은 브레턴우즈 체제의 고정환율 제도를 유지하고 금과 국제통화기금IMF의 특별 인출권SDR에 대해 달러화를 10% 평가 절하할 것, 환율의 변동 폭을 상하 1%에서 2.5% 로 넓히는 데에 합의했다.

브레턴우즈 체제의 고정환율 제도는 이후 과도기적인 스미소니언 체제를 거쳐, 1976년 킹스턴 체제가 출범하면서 변동환율 제도로 바뀌었다.

* 1945년 12월 27일 '브레턴우즈 협정 발효' 참조

12월의
모든 역사

12월 19일

1036년 12월 19일

중국 시인 소동파가 태어나다

月出於東山之上 徘徊於斗牛之間 동산에 달 나와 남두성과 견우성
사이를 떠돌 때,
白露橫江 水光接天 흰 이슬은 강을 비끼고 물빛은 하늘에 닿아 있네.
縱一葦之所如 凌萬頃之茫然 갈대만한 작은 배 가는 대로 만경의
아득한 물결을 타니, 넓고도 넓구나.
如憑虛御風 而知其所止 허공에 의지하여 바람을 타고 가는 듯하고,
머무는 곳을 알지 못하네.
浩浩乎 飄飄乎 훨훨 나부끼는구나.
如遺世獨立 속세를 남겨두고 홀로 서 있는 듯하니,
羽化而登仙 날개가 돋아 신선이 되어 오르는구나.

-소동파, 전적벽부前赤壁賦 전반부

중국 송나라 제1의 시인이며 당송팔대가唐宋八大家의 한 사람인 소동파 (蘇東坡 : 1036~1101)의 원래 이름은 소식蘇軾이며 호는 동파거사東坡居士 이다.

소동파는 1036년 12월 19일 북송 인종仁宗 때 사천성 미산眉山에서 태 어났다. 21세인 1057년에 진사에 합격하였고, 시험관이었던 구양수(歐 陽修 : 1007~1072)에게 문장을 인정받아 문단에 들어갈 수 있었다. 하 지만 관리로서의 길은 평탄하치 못하였다.

소동파는 29세인 1065년에 조정에 판관으로 임명되었으나 부친상을 당하여 고향으로 돌아갔다. 1068년에 수도인 개봉開封으로 다시 돌아왔 을 때는 신종 재위 기간으로 왕안석(王安石 : 1021~1086)이 신법新法을 실시하고 있을 때였다. 보수적이었던 소동파는 신법에 반대하여 35세 인 1071년에 항주杭州의 통판으로 임명되었다. 이곳에서 신법을 반대하 는 시를 썼다가 1079년에 어사대의 감옥에 수감되어 사형 위기까지 몰 렸었다. 다행히 목숨은 건졌으나 그해 12월에 황주黃州로 유배되었다.

1085년에 예부시랑으로 임명되어 개봉으로 올라왔으나, 53세인 1089년에 다시 항주로 전출을 원하여 내려갔다. 2년 후인 1091년에 한 림학사승지로 임명받았으나, 조정을 비판하여 1094년에 혜주惠州로 그 리고 61세 때인 1097년에 중국 최남단 해남도로 유배되었다. 철종이 죽고 휘종이 즉위한 후인 1110년에 사면되었으나 개봉으로 올라오는 도중에 상주常州에서 병으로 사망하였다.

소동파가 유명한 「적벽부赤壁賦」를 지은 것은 1082년으로 황주에 유 배가 있을 때였다. 황주 서북쪽 장강長江 가에 붉은 적갈색의 바위가 벽 처럼 솟은 적벽이란 곳이 있었다. 이곳은 옛날 삼국시대 북방을 통일한 조조의 군대가 동오 손권의 군대를 공격할 때 손권이 유비와 손을 잡고 적벽대전을 치렀던 곳이라는 전설이 내려오고 있었다.

　소동파는 이곳에 자주 들러 누각에서 여러 편의 시를 쓰고 배를 띄우기도 했다. 1082년 7월과 10월에 적벽 아래 장강에서 뱃놀이하면서 「적벽부」를 썼다. 이때 7월에 쓴 것을 『전적벽부』, 10월에 쓴 것을 『후적벽부』라고 한다.

　객중에 퉁소 부는 자가 있어 노래에 맞추어 부네.

　그 소리가 우우 하여 구슬프니, 원망하는 듯 그리워하는 듯하다가,

　흐느끼는 듯 하소연하는 듯하네.

　가냘프고 길게 이어져 끊이지 않음이, 여운이 실 끝과 같으니,

　그윽한 강 골짝에 잠겨 있는 교룡을 춤추게 하고,

　외로운 배 안의 과부를 울게 하네.

『전적벽부』의 전반부에서 소동파는 신선이 되어 하늘로 오르는 기분이었으나 퉁소 소리에 다시 비애를 느낀다. 그러나 『전적벽부』의 후반은 다시 즐거운 마음으로 돌아와, 주인과 객이 함께 동쾌하게 술 마시고는 달게 잠들어 새벽을 맞이하고 있는 모습으로 끝난다.

　강위에서 불어오는 청풍과 산 사이의 명월은

　귀로 들으면 소리가 되고 눈을 붙이면 색을 이루어,

　취하여도 막는 이가 없고 써도 다하지 않으니,

　이는 조물주의 무궁무진한 보고요, 나와 그대가 함께 즐거워해야 할 것이다.

　객은 기뻐하여 웃고 잔을 씻어 교대로 술을 따르니,

　안주와 과일이 이미 다하고 술잔과 소반이 낭자하였다.

서로 배 가운데 베고 깔고 누워서 동방이 이미 훤하게 밝음을 알지 못하였다.

이러한 소동파의 시 세계는 정치적인 좌절감에 빠져 있는 사대부들의 심정을 그린 것이다. 비록 정치적으로 힘들더라도 염세에 빠지지 않고 낙관적인 사고를 가짐으로써 다시 일어서고자 한 것이다.

소동파의 「적벽부」는 중국 문학과 예술에 큰 영향을 끼쳐, 희곡·회화·조각 등에 주요한 제재를 제공하였다. 명나라 허조許潮의 『적벽유赤壁遊』, 심채沈采의 『소자첨적벽기蘇子瞻赤壁記』 등이 그것이다. 이 때문에 청나라 시대의 한 문인은 황주의 적벽을 '동파적벽東坡赤壁'이라고 칭송했다.

소동파는 자신이 관리로 있던 항주에서도 많은 시를 썼는데, 특히 서호西湖의 아름다운 경치에 반해 수백 편의 시를 썼다. 「유월이십칠일 망호루에서 취하여 쓰다六月二十七日望湖樓醉書」는 그중 한 편이다.

黑雲翻墨未遮山 검은 구름이 먹빛으로 바뀌었지만 산을 가리지는 못하였고,
白雨跳珠亂入船 흰 빗방울은 진주처럼 흐트러져 어지럽게 배 안으로 들어온다.
卷地風來忽吹散 땅을 휘감고 불어오는 바람이 갑자기 흩어지니,
望湖樓下水如天 누각에서 바라보는 호수는 파란 하늘 같구나.

1915년 12월 19일

프랑스 샹송 가수 에디트 피아프 출생

"그가 나를 품에 안고 가만히 속삭일 때, 나는 장밋빛 인생을 보아요.

그가 내게 매일 사랑의 말을 속삭여 줄 때마다 나는 그 무언가가 되지요.

한아름의 행복이 내 마음속으로 들어온 거예요."

-에디트 피아프,「장밋빛 인생La vie en rose」

'샹송의 여왕' 에디트 피아프(Edith Piaf : 1915~1963)는 1915년 12월 19일 프랑스 파리의 가난한 노동자 구역인 벨빌에서 태어났다. 원래 이름은 에티드 조반나 가시옹Edith Giovanna Gassion이다.

화려해 보이는 여왕의 몸에는 뽑지 못할 깊은 가시가 박혀 있었다. 삼류가수였던 어머니는 파리에서 그녀를 낳은 지 두 달 만에 사라졌고, 서커스 곡예사로 노래를 가르쳐 준 아버지도 그녀를 할머니에게 맡기고 떠나 버렸다.

피아프는 거리에서 노래를 불렀다. 살기 위해, 온 힘을 다해서 정신이 빠져나올 듯이 노래를 불렀다. 사람들은 그녀에게 몇 푼의 동전을 던져 주었고, 던져 주는 동전이 그녀를 살게 했다. 풋사랑으로 아이를 낳았지만 하늘나라로 멀리 보내야 했다. 아무도 지켜주지 않은 어린 소녀의 인생에 빛이 들어온 것은 열여덟 살 때였다.

카바레의 지배인이었던 루이 르프레가 그녀에게 '작은 참새'라는 뜻의 '피아프'란 이름으로 무대에 서게 한 것이었다. 작고 초라한 소녀의 목에서 노래가 가련하게 떨며 나왔다. 쉰 듯한 탁한 목소리와 열정적이지만 왠지 구슬픈 작은 참새의 몸짓은 상처받은 그녀의 영혼에서 나오는 것이었다. 청중들은 그녀의 노래에 흠뻑 빠졌다.

피아프는 1935년에 극장에서 첫 공연을 가졌고 제2차 세계 대전 중에는 포로가 된 프랑스인들을 위해 노래를 불렀다. 1940년에 작가 장 콕토(Jean Cocteau : 1889~1963)는 그녀를 여배우로 등장시켰다. 그 후 피아프는 전 세계를 순회하면서 「장밋빛 인생」 「사랑의 찬가」 등의 명곡들을 불렀다.

피아프는 평생 세 번 결혼하였지만 여러 남자를 사귀었다. 「장밋빛 인생」은 그녀의 제자이며 연인인 이브 몽탕(Yves Montand : 1921~1991)을 위해 부른 것이었다. 그러나 무엇보다 그녀의 가슴속에 남아 있던 연인은 프랑스의 유명한 헤비급 복서 마르셀 세르당(Marcel Cerdan : 1916~1949)이었다. 두 번째 미국 공연에서 성공을 이루자 너무 기뻐한 피아프는 빨리 사랑하는 사람을 보기 위해 전화를 했다. 세르당은 예정된 배를 취소하고 피아프를 만나기 위해 서둘러 비행기를 탔다. 그러나 비행기는 산꼭대기에 추락하였고 세르당은 죽고 말았다. 슬픔에 빠진 피아프는 죽은 연인을 위해 직접 가사를 썼다.

"푸른 하늘이 우리들 위로 무너진다 해도, 모든 대지가 허물어진다 해도, 만약 당신이 나를 사랑해 주신다면, 그런 것은 아무래도 좋아요. 사랑이 매일 아침 내 마음에 넘쳐흐르고, 내 몸이 당신의 손 아래서 떨고 있는 한……."

피아프는 자동차 사고와 마약 중독으로 1963년 10월, 23세의 젊은 남편이 지켜보는 가운데 48세의 삶을 마감하였다.

1998년 12월 19일

르윈스키 사건과 관련해 미국의 빌 클린턴 대통령 탄핵안 통과

1993년 1월 빌 클린턴(Bill Clinton : 1946~)이 미국 제42대 대통에 취임하였다. 그는 재임 기간 동안 미국 경제의 호황을 이끌며 국민들로부터 높은 인기를 구가하였다.

반면에 빌 클린턴은 수많은 여자들과 스캔들에 관련되어 여러 번 수모를 겪었다. 1998년에는 특검 검사 케네스 스타(Kenneth Winston Starr : 1946~)의 집요한 추적으로 모니카 르윈스키(Monica Samille Lewinsky : 1973~)와의 성 추문이 밝혀져 탄핵 직전까지 몰렸다.

르윈스키 성 추문 사건과 관련한 클린턴의 탄핵 결의안은 1998년 12월 19일 하원 본회의에 상정되었다. 당시 민주당 의원들은 탄핵의 부당성을 강조했다. 그러나 공화당 의원들은 클린턴의 위증 문제를 물고 늘어지며 탄핵을 주장했다.

결국 하원 본회의는 이날 탄핵 사유 4개항 가운데 위증 관련 탄핵 결의안을 찬성 228표, 반대 26표로 가결하였다. 1868년 앤드류 존슨(Andrew Johnson : 1808~1875) 대통령 이후 130년 만의 일이었다.

이후 1999년 2월 2일 상원은 본회의를 열고 클린턴 대통령에 대한 탄핵안을 표결에 부쳤으나 부결되었다. 이로써 클린턴은 탄핵 위기에서 벗어날 수 있었다.

1843년 12월 19일

영국의 소설가 찰스 디킨스, 『크리스마스 캐럴』 출간

영국의 소설가 찰스 디킨스(Charles John Huffam Dickens : 1812~1870)
는 마음이 닫힌 부자들을 고발하고 그 마음을 열기 위해 소설을 쓰기로
결심했다. 그리고 6주 만인 1843년 12월 19일 『크리스마스 캐럴』을 완
성하였다.

"구두쇠 스크루지는 아이들을 만나면 머리를 쓰다듬어 주었고, 거지들에
  게 이것저것 물어보기도 했습니다. 이런 일들이 그에게 기쁨을 준다는 것
  을 알았던 것이죠."

『크리스마스 캐럴』은 평생 욕심에 갇혀서 돈이 삶의 가장 중요한 목
표라고 생각했던 구두쇠 노인이 변화를 하여 다른 사람들과 함께 행복
해 하는 모습을 그린 작품이다. 독자들에게 많은 감동을 주었다.

이 작품은 출간 이듬해 런던에서 5번 이상 무대에 올려질 만큼 반응
이 좋았다. 이후 『크리스마스 캐럴』은 전 세계로 퍼져 영화와 연극, 뮤
지컬, TV 시리즈 등을 통해 각색되었다.

12월의
모든 역사

12월 20일

1996년 12월 20일

미국의 천문학자 칼 세이건이 사망하다

우주란 과거와 현재와 미래에 존재하는 '모든 것'이다. 우리의 사고력은 극히 빈약하지만 우주를 생각하노라면 우리는 흥분하지 않을 수 없다. 등골이 오싹해지고 목소리는 들뜨며 먼 옛날을 회상하는 것 같은, 높은 곳에서 떨어질 때와 같은 그런 기분이 든다.

-칼 세이건, 「코스모스」

칼 세이건(Carl Edward Sagan : 1934~1996)은 어렵게만 느껴지던 천문학을 사람들이 쉽게 이해할 수 있도록 대중화시킨 천문학자이다. 그는 1980년에 출판된 베스트셀러『코스모스』를 비롯하여『창백한 푸른점』『콘택트』등 600편이 넘는 저서와 각종 기고문을 통해 우주의 세계를 우리의 눈앞으로 가져왔다. 특히『코스모스』는 13편의 TV 시리즈로 제작되어 60개국에서 약 5억 명의 사람들이 시청하였다. 대중 방송 역사상 가장 많이 시청한 시리즈 중의 하나로 기록되었다.

세이건은 1934년 미국 뉴욕에서 태어났다. 시카고 대학교에서 천문학을 전공한 뒤 하버드 대학교 천문학과 교수, 코넬 대학교 천체연구소 소장을 지냈다. 그는 핵전쟁이 지구에 끼치는 영향을 말하면서 '핵겨울'이 올 수 있다고 경고했다. 또한 생명의 기원을 연구하면서 우주의 다른 곳에 생명체가 존재할 가능성을 인정하기도 했다. 이를 위해 캘리포니아 패서디나에 전파 교신 장치를 설치하여 우주 생명체와 교신을 시도하기도 하였다.

"우리가 살고 있는 우주는 1초에 수천 개의 태양이 태어나는 곳이다. 우주는 블랙홀과 또 다른 우주가 존재하는 곳일지도 모르며, 지금 이 순간에도 지구를 향해 전파 메시지를 보내는 외계문명이 있을지도 모른다."

그는 일반 대중들이 가지고 있는 많은 편견들을 고치려고 노력했다. 한 예로 사이비 과학에 대해 이렇게 말하고 있다.

"사이비 과학은 틀린 과학과 다르다. 과학은 오류를 기초로 발전한다. 과학은 오류를 하나씩 제거해 나가는 방식으로 발전하는 것이다. 물론 오류 때문에 다른 과학자로부터 비판을 받으면 독특한 감정이 일어 마음이 상하기는 한다. 하지만 가설에 대한 비판과 반증은 과학에 있어 핵심적인 것이다.

반면에 사이비 과학은 이와 정반대이다. 사이비 과학의 가설들은 어떤 실험으로 공격할 수 없도록 정밀하게 틀이 짜인다. 심지어 그 가설을 무효화하는 것조차 원리상 불가능하다. 사이비 과학 종사자들은 방어적이며, 회의적인 태도로 엄밀히 검토하는 것을 거부한다. 사이비 과학은 전제가 과학자들을 흥분시키는 데 실패하면 그것을 과학자들의 음모 때문이라고 주장한다."

세이건은 미국 항공우주국NASA에서 기획한 마리너호 · 바이킹호 · 갈릴레오호의 행성 탐사 계획에 연구원으로 참가하였다. 그러나 패스파인더호의 화성 착륙을 지켜보지 못한 채 1996년 12월 20일에 세상을 떠났다. 한편 그의 사망 당시 부인은 애도하는 사람들에게 이런 말을 전했다.

"내 주위에는 칼의 죽음을 애도하는 세계 각지의 우편물들이 쌓여 있다. 수많은 사람들이 칼의 영향으로 새로운 세계에 눈을 뜨게 되었다며 감사를 보냈다. 어떤 이들은 칼의 삶에서 영감을 얻어 미신과 근본주의 신앙을 버리고 과학과 이성의 편에서 일할 것이라고 말했다."

1960년 12월 20일

베트콩, 베트남민족해방전선 결성

남베트남에서 공산 혁명을 지지하며 게릴라 활동을 하던 베트콩Viet Cong이 1960년 12월 20일 베트남민족해방전선NLF을 결성하였다. 그리고 구엔 후 토(Nguyen Huu Tho : 1910~1996)를 의장으로 추대하였다. 민족주의 연합 정부 수립, 토지 개혁 등 10개 항의 강령도 채택하였다.

베트남민족해방전선은 이후 미국의 지원을 받던 베트남 공화국에 대한 게릴라전을 전개하면서 농촌을 중심으로 남베트남 공산화에 적극 나섰다. 베트남의 통일을 목표로 한 이들은 처음에는 독자적인 행동을 하였다. 그러나 점차 북베트남의 월맹(베트민) 공산당 하부 기관으로 변모하였다.

1962년 1월에 남베트남 인민혁명당을 결성한 이들은 1969년 6월에는 베트남 임시 혁명 정부를 수립하는 등 세력을 키웠다. 그리고 마침내 1975년 4월 30일 남베트남 정권을 무조건 항복시켜 베트남 전쟁을 마무리하였다.

1999년 12월 20일

포르투갈, 마카오를 중국에 반환하다

1557년 포르투갈 상인들은 중국 관리자들에게 뇌물을 주고 중국 광둥성 남부에 위치한 마카오 반도 거주권을 획득하였다. 이후 1887년

청·포르투갈 조약에 따라 마카오는 포르투갈의 정식 식민지로 편입되었다.

1951년 포르투갈은 새 헌법에 따라 마카오를 포르투갈의 '해외 주州'로 명시해 본국 정부가 임명하는 총독의 통치를 받게 했다. 1973년에는 '자치령'이 됐다.

그 후 1979년 중국·포르투갈 국교 수립과 1986년 반환 협정을 거쳐, 1999년 12월 20일 마카오는 442년간의 포르투갈 지배를 끝내고 중국에 이양되었다.

마카오는 반환 후 '중화인민공화국 특별행정구'로 개편되었으며, 2044년까지 홍콩처럼 사회주의와 자본주의 체제가 결합된 일국양제—國兩制의 사회로 남게 되었다. 이는 중국 정부가 행사하는 외교와 국방을 제외한 모든 분야에서 50년 동안 자치권을 누릴 수 있다는 것을 의미한다.

1987년 12월 20일

필리핀 여객선 도나파즈호 침몰

1987년 12월 20일 10시 30분경이었다. 필리핀 마닐라 남쪽 150km 해상을 지나던 여객선 도나파즈호가 가솔린을 싣고 가던 유조선 벡터호와 충돌하였다. 마닐라에 도착하기까지 불과 5시간 30분을 남겨둔 상태였다.

충돌 직후 벡터호의 가솔린에 붙은 불은 곧바로 도나파즈로 옮겨 붙었다. 그리고 2시간 만에 도나파즈호는 승객들을 태운 채 물 속으로 침몰했다. 그러나 필리핀 정부의 구조 작업은 어쩐 일인지 8시간이나 지난 뒤에야 시작되었다.

이튿날이 되자 여객선 회사는 배에 승객 1,493명과 선원 60명이 타고 있었다고 발표했다. 그러나 생존자들은 회사의 주장보다 훨씬 많은 4,000명 이상의 승객이 타고 있었다고 주장했다.

최종 승선 인원은 사고 발생으로부터 12년이 지난 시점에 결국 법원에서 가려졌다. 필리핀 대법원이 당시 도나파즈호에 4,000명 이상의 승객이 타고 있었다고 판결한 것이다. 1912년 타이타닉호 침몰 사고로 1,500여 명이 숨진 이후 최악의 인명 피해가 난 해상 사고였다.

* 1912년 4월 15일 '타이타닉호, 첫 출항에서 침몰하다' 참조

—

1989년 12월 20일

미국, 파나마 침공

—

1980년대에 파나마의 군부 지도자이며 실질적인 통치자였던 마누엘 노리에가(Manuel Antonio Noriega : 1938~)는 파나마 운하 조약에 따른 조차 지대의 반환과 미군 군사 정보 유출 등으로 미국과 심한 갈등을 빚었다. 그리고 1989년 12월 15일에는 미국과 전쟁 상태를 선포했다.

그러자 미국은 자국 시민의 생명 보호와 파나마의 민주 헌정 질서 회복을 명분으로 12월 20일 2만 6,000여 명의 병력을 동원해 침공했다. 미국은 불과 14일 만에 노리에가 정권을 무너뜨리고 친미 정권을 세웠다. 미국으로 압송된 노리에가는 후에 종신형을 선고받았다.

하지만 당시 국제연합은 이 사건을 미국의 불법 침공으로 규정하고 미국을 규탄하는 결의안을 채택했다. 국제법 전문가들도 이 사건은 미국의 명백한 불법 침공이라고 규정하였다.

12월의
모든 역사

12월 21일

■
·
■

1620년 12월 21일

메이플라워호, 미국에 도착하다

메이플라워호 서약의 주요 내용은 다음과 같다.

1. 영국 왕에게 충성을 다한다.

2. 아메리카 대륙에 식민지를 건설한다.

3. 자치 사회를 형성하여 질서와 안전을 도모한다.

4. 평등한 법률을 만들어 관제를 정한 다음, 여기에 종속할 것을 맹세한다.

1509년 4월 22일 헨리 8세(Henry Ⅷ : 1491~1547)가 잉글랜드 국 왕에 올랐다. 그는 형의 죽음으로 형수인 캐서린(Catherine of Aragon : 1485~1536)과 결혼하였으나 궁녀 앤 불린(Anne Boleyn : 1507?~1536) 과 결혼하기 위해 로마 교황 클레멘스 7세(Clemens Ⅶ : 1478~1534)에 게 캐서린과의 결혼 무효를 신청하였다. 하지만 로마 교황은 끝내 이 를 인정하지 않았다. 이에 헨리 8세는 가톨릭교회와 결별을 선언하고 1534년 수장령首長令으로 영국 국교회國教會인 성공회를 설립하였다.

그러나 영국 성공회는 개신교가 아니었다. 이에 청교도 핵심 그룹, 즉 분리주의자들이라고 불리는 이들은 영국 성공회에 불복종하는 운동 을 펼쳤다. 이들은 영국 성공회와 차별성을 가지고 의상, 전통, 조직에 서 모두 독립적으로 활동하였다.

하지만 당시 영국 성공회 예배에 참석하지 않는 것은 불법이었으며, 예배를 하지 않은 일요일과 성일에는 1실링에 해당하는 벌금을 납부해 야만 했다. 불법적인 예배를 하는 경우에는 금고형과 더 많은 벌금이 부과되었다. 더군다나 1604년 햄프턴 법정회의에서 청교도가 요청했 던 모든 집회가 부정되었다. 결국 청교도들은 예수의 왕국에서 복음을 전파하고 번성시킬 수 있는 곳, 교인들의 아이들이 나쁜 시험을 받지 않고 방탕과 위험한 시험에서 벗어날 수 있는 곳으로 이주하기로 결심 하였다.

1620년 9월 16일, 35명의 청교도인들과 승객 67명 등 102명은 포도 주를 싣고 유럽과 영국 사이를 오가던 화물선 메이플라워Mayflower호를 타 고 영국의 플리머스 항을 떠나 신대륙 플리머스를 향해 출발하였다. 종 교의 자유를 찾아 떠난 이들은 험난한 바닷길을 헤쳐 나갔다. 그리고 12월 21일 원래 목적지인 미국의 버지니아 주 허드슨 강 하구를 벗어나 동부에 위치한 매사추세츠 주 연안에 도착하였다. 메이플라워호가 폭풍우로 인해 항로를 이탈하였기 때문이다. 어쨌든 이들은 이곳을 '플리머스'로 명명하였다.

그러나 기쁨도 잠시였다. 청교도들은 이곳에 도착하자마자 힘겨운 삶을 시작하여야만 하였다. 그해 겨울 동안 어린이와 노인 등 절반가량이 괴혈병과 굶주림으로 인해 사망한 것이었다. 그나마 원주민인 인디언들이 이들에게 옥수수 재배 방법을 가르쳐 주고, 야생 칠면조를 잡는 것을 허락해 겨우 목숨을 연명할 수 있었다. 이것을 기념해 이후 추수감사절을 지켜 나갔다.

하지만 살아남은 청교도들은 인디언들과 토지와 식량을 둘러싸고 충돌할 수밖에 없었다. 이 충돌은 이후 1637년 피쿼드 전쟁, 1675년 필립 왕 전쟁 등으로 확대되었다.

이런 악조건에도 불구하고 약 1년 후인 1621년에 37명의 새로운 이주민이 플리머스에 도착하였고, 1623년 7월에는 두 척의 배에 90명의 이주민이 옮겨왔다. 1690년에 전체 인구가 약 7,000여 명으로 늘어났고, 이후 플리머스에 정착한 청교도들과 그 후손들은 안정을 찾을 수 있었다.

* 1620년 9월 16일 '청교도 102명을 태운 메이플라워호, 영국의 플리머스 항을 출발' 참조
* 1620년 11월 11일 '북아메리카 해안에서 메이플라워 서약 체결' 참조

—

1375년 12월 21일

이탈리아 문학가 보카치오가 세상을 떠나다

—

1348년 이탈리아에서 가장 아름다운 도시 피렌체에 인간에게 치명적인 페스트가 돌았다. 많은 사람들이 죽어 갔다. 돈이 있는 사람들은 술로 공포를 잊으려 했고, 그마저 없는 사람들은 집에 처박혀 있을 뿐이었다. 많은 사람들이 죽게 되면서 도시 전체에 황폐한 빛이 감돌았다.

이러한 혼란 속에서 젊은 귀부인 일곱 명이 산타마리아 노벨라 성당에 모였다. 그녀들은 페스트를 피해 교외의 별장으로 가기로 하는데, 여기에 세 명의 젊은 신사가 가담하게 된다. 그곳에서 각자가 열흘 동안 하루에 한 가지씩 재미있는 이야기를 하며 지내기로 한다.

『데카메론』은 알리기에리 단테(Alighieri Dante : 1265~1321), 프란체스코 페트라르카(Francesco Petrarca : 1304~1374)와 함께 이탈리아의 대표적인 인문주의자인 조반니 보카치오(Giovanni Boccaccio : 1313~1375)가 1353년 무렵에 완성한 작품이다. '10일 동안의 이야기'라는 뜻을 가진 이 작품에는 열흘에 걸친 100가지의 기상천외한 단편 이야기들이 들어 있다.

이 속에는 우습고, 슬프고, 잔혹하고, 남을 속이는 이야기가 들어 있으며, 중세의 교훈적인 내용이 아닌 인생을 즐기려는 애욕의 기쁨이 대담하게 표현되어 있다. 등장인물도 왕후·귀족에서 악한과 가난뱅이에 이르기까지 다양한 계층이 등장한다.

이야기는 사랑과 지혜를 주제로 이어 가고 있으며, 현실을 있는 그대로 받아들이려는 삶에 대한 작가의 애착심을 엿볼 수 있다. 보카치오는 이 작품을 고통과 불행에 빠진 사람들에게 위안을 주기 위해 썼다.

『데카메론』은 신神 중심인 교회의 속박에서 벗어나려는 중세 인문주의의 대표적인 작품으로, 제프리 초서(Geoffrey Chaucer : 1343~1400)·윌리엄 셰익스피어(William Shakespeare : 1564~1616)를 비롯한 후세의 유럽 문학에 큰 영향을 미쳤다. 후에 이탈리아의 문학자 데상티스는 단테의 『신곡神曲』과 비교하여 『데카메론』을 '인곡人曲'이라고 부르기도 했다.

보카치오는 근대 단편소설의 기초를 마련한 인물이지만 그의 생애에 대해 정확히 알려진 것은 없고 작품을 통해 짐작할 뿐이다.

보카치오는 1313년에 피렌체 상인의 아들로 태어났다. 아버지는 그를 훌륭한 상인으로 키우려 했지만 장사가 싫어 허송세월만 하였고, 친구들 사이에서는 시인이라는 별명으로 불렸다. 어릴 적부터 단테를 존경하여 단테의 문학을 강의하면서 『희극Commedia』을 '성스러운'이라는 형용사를 덧붙여 『신곡Divina Commedia』으로 불렀다. 아버지는 보카치오가 장사를 배울 수 있도록 1328년 무렵에 나폴리로 보냈지만 오히려 문학에 마음을 빼앗겼고 이때 페트라르카의 작품을 보게 되었다.

1340년 말 무렵에 아버지의 사업이 망하여 피렌체로 돌아오라는 말을 들었다. 이때부터 10여 년 동안이 보카치오 문학의 전성기로 『데카메론』도 이 기간에 완성되었다. 그리고 이 시기를 전후하여 그의 명성이 이탈리아에 알려졌고 페트라르카도 만났다. 1362년에 조반나 왕녀의 초청을 받고 나폴리에 갔으나 크게 환영받지 못하였으며, 이듬해 페트라르카의 초청으로 베네치아에 오랫동안 머물렀다.

이후 강의와 연구에 몰두하며 보내다 1375년 12월 21일에 세상을 떠났다. 작품으로는 『필로콜로』 『이교 신들의 계보에 대하여』 『피아메타』

『뛰어난 여성들에 대하여』『단테 알리기에리의 생애』등이 있다.

1879년 12월 21일

소련 독재자 스탈린이 태어나다

이오시프 스탈린(Iosif Vissarionovich Stalin : 1879~1953)은 1879년 12
월 21일 그루지야 고리에서 태어났다. 본명은 이오시프 비사리오노비
치 쥬가쉬빌리 스탈린Iosif Vissarionovich Djugashvil Stalin이다.

스탈린은 고리 신학교에서 신학을 공부하였으나 독일 정치 철학가인
칼 마르크스(Karl Heinrich Marx : 1818~1883)의 책을 읽고 신정교로 개
종하였다. 이후 러시아 사회민주노동당이 멘셰비키파와 볼셰비키파로
분열되자 볼셰비키에 가담해 지도자인 블라디미르 레닌(Vladimir Il'ich
Lenin : 1870~1924)을 만났다. 레닌의 권유로『마르크스주의와 민족문
제』를 저술한 뒤 중앙위원으로 발탁되었으며, 이때부터 이름을 '강철의
사람'이라는 뜻의 스탈린으로 바꾸어 사용하였다.

1921년 3월 제10차 당 대회에서 5명의 정치국원 가운데 한 명으로
뽑혔다. 하지만 말년의 레닌은 스탈린을 불신해 자신이 남긴 유서에서
그를 서기장직에서 해임할 것을 제안했다.

그러나 스탈린은 1922년에 당 서기장을 겸하게 되면서 그의 강력
한 경쟁자들인 레온 트로츠키(Leon Trotskii : 1879~1940), 그리고리 지
노비예프(Grigorii Zinovev : 1883~1936), 레프 카메네프(Lev Borisovich
Kamenev : 1883~1936) 등을 모두 숙청하였다. 1943년에 원수, 1945년
에는 대원수를 거치며 권력을 집중시켜 독재 체제를 구축했다.

스탈린은 소련의 물가 안정, 산업화 등을 이끌어 냈고, 선진 공업국에 비해 크게 낙후되었던 소련의 공업을 크게 발전시켰다. 또한 나치 독일과의 전쟁을 승리로 이끌었다.

하지만 그의 통치 시절에 1,000만 명이 넘는 농민이 굶어 죽었으며, 군대가 와해될 정도로 많은 장교들을 대대적으로 숙청하였다.

1953년 3월 5일 뇌출혈로 사망하였다.

* 1922년 4월 3일 '스탈린, 소련 공산당 초대 서기장 취임' 참조
* 1953년 3월 5일 '소련 독재자 스탈린 사망하다' 참조

1988년 12월 21일

팬암 항공기 폭파 사건 발생

1988년 12월 21일 영국 런던에 있는 히스로 공항을 출발해 미국 뉴욕으로 향하던 미국 팬암사 소속 보잉747 여객기가 공중 폭발했다. 스코틀랜드 록커비 마을 1만m 상공에서 일어난 이 사고로 승무원과 승객 258명 전원이 사망하였다. 비행기 잔해가 마을로 떨어지면서 주민 11명이 목숨을 잃고 집 40여 채가 불타는 피해도 발생했다.

미국과 영국은 즉각 합동수사팀을 꾸려 폭발 원인 파악에 나섰다. 그리고 아랍계 테러리스트가 기내에 설치한 플라스틱 폭탄이 원인인 것으로 결론 내렸다. 3년간 50개국 1만 4,000여 명을 심문한 끝에 1991년에는 리비아를 배후로 지목했다. 폭발 현장에서 발견된 라디오 카세트와 타이머 장치 파편이 리비아 정보요원들의 것과 같았기 때문이다.

미국은 곧 리비아에 범인 인도를 요청했다. 그러나 리비아가 거부하자 미국은 유엔 안보리를 통해 1992년부터 리비아에 대해 제재를 가하기 시작했다. 민간 항공기 운항 금지, 해외 자산 동결, 정유 관련 장비 판매 금지, 항공기 및 무기 수출 금지 등이었다.

미국의 제재 조치에 곤란을 겪던 리비아는 결국 1999년에 용의자 2명의 신병을 인도했다. 제3국에서 재판을 진행한다는 조건이었다.

—

1991년 12월 21일

소련의 11개 공화국, 독립국가연합 창설

—

1991년 12월 21일 러시아, 우크라이나, 벨로루시, 몰도바, 카자흐스탄, 우즈베키스탄, 투르크메니스탄, 타지키스탄, 키르기스스탄, 아르메니아, 아제르바이잔 공화국 등 11개 공화국 지도자들이 카자흐공화국 수도 알마아타에서 독립국가연합CIS 창설 협정에 서명하였다. 이로써 74년 동안 이어져 온 소련은 공식 소멸됐다.

각국의 지도자들은 6개 문서에 조인했다. CIS 창설 협정의 부속 의정서, 가맹국간의 국경 불가침과 민족 자결을 규정한 알마아타 선언, 핵무기의 통일 관리에 관한 협정, 러시아를 국제연합UN에서의 소련의 계승자로 하는 성명 등이었다. 그리고 1993년 10월에 그루지야가 가입함으로써 CIS는 12개 공화국으로 확대되었다.

CIS의 조직은 최고협의기구인 국가원수평의회(정상회담)와 그 산하에 총리협의체 그리고 가맹국의 해당 장관들로 구성되어 실무를 담당하는 각료위원회로 구성돼 있다. 정상회담은 연 2회 이상 개최하고, 협력 체제의 효율적 확립을 위하여 6개월 임기의 순회의장제를 도입했다. 총리협의체는 연 2회, 각료위원회는 연 4회 이상 열도록 되어 있다.

2005년에 투르크메니스탄이 탈퇴하고, 2008년 그루지야가 탈퇴하여 2012년 현재 회원국은 10개국이다.

1913년 12월 21일

아서 윈, 최초의 낱말 맞추기 퍼즐 게재

1913년에 미국의 일간신문 「뉴욕월드」의 편집국장은 영국 출신 기자 아서 윈에게 일요판에 실을 새로운 퍼즐을 구상하라는 지시를 했다. 아서 윈은 궁리 끝에 바둑판처럼 생긴 빈칸에 가로와 세로로 낱말을 채워 넣는 퍼즐을 만들어 냈다.

이 퍼즐이 1913년 12월 21일자 신문에 처음 실렸다. 세계 최초의 낱말 맞추기 퍼즐이 대중에게 모습을 드러낸 순간이었다.

이 퍼즐은 이후 독자들에게 큰 호응을 받으며 미국 내 여타의 신문으로도 퍼져나갔다. 그 후 전 세계적으로 유행하는 퍼즐이 되었다.

12월의
모든 역사

12월 22일

■
．
■

1989년 12월 22일

루마니아의 차우셰스쿠 정권,
집권 24년 만에 붕괴되다

차우셰스쿠 대통령 부부가 총살당한 후 혁명군들이 대통령 저택을
수색하게 되었다. 저택 안에는 황금으로 만든 욕조, 수백 벌의 밍크
코트, 다이아몬드를 박은 구두들이 산더미처럼 쌓여 있었다. 게다
가 수영장, 테니스코트, 피트니스 클럽까지 갖추어져 있었다. 차우
셰스쿠 대통령의 아내였던 엘레나 차우셰스쿠는 비인간적인 행위
와 사치를 일삼았던 필리핀의 이멜, 중국의 장칭과 함께 현대판
3대 악녀 중의 한 사람으로 불리고 있다.

루마니아는 유럽의 남동부에 위치한 나라이다. 1861년 투르크의 지배를 받던 몰다비아공국과 왈라키아공국이 합병하면서 루마니아 공국이 되었다.

니콜라에 차우셰스쿠(Nicolae Ceausescu : 1918~1989)는 1918년 루마니아 공국 남부 스코르니체슈티에서 부농의 아들로 태어났다. 11세 때인 1929년에 부쿠레슈티로 이주하여 구두 수선공의 견습생이 되었고, 1932년에는 루마니아 공산당에 가입하였다. 이후 위험한 선동을 했다는 이유로 1936년부터 2년간 투옥되었다. 1940년에도 다시 투옥된 그는 1943년에 강제수용소로 옮겨져 공산주의 운동가인 게오르게 게오르기우데지(Gheorghe Gheorghiu-Dej : 1901~1965)와 만나게 되었다.

제2차 세계 대전이 끝난 후 루마니아는 소련의 침공으로 소련의 지배 아래에 들어갔다. 1947년 왕정이 폐지되었고, 노동당이 정권을 장악하면서 1949년에는 사회주의 국가인 루마니아 사회주의 공화국이 수립되었다.

이때 차우셰스쿠는 권력을 잡은 게오르게 게오르기우데지 정권에서 여러 요직을 맡았다. 루마니아 공산당에서 서열 2위에 오르기도 했다. 그 후 1965년 3월 게오르기우데지가 사망하자 차우셰스쿠가 당 서기장으로 취임하였다. 1967년에는 국가평의회의 의장이 되었다.

차우셰스쿠는 집권 후 소련에 대항해 독자적이고 민족주의적인 노선을 취하기도 했다. 그러나 1974년 대통령직을 겸임하면서 비밀경찰을 이용해 언론 통제를 하는 등 독재를 시작하였다. 심지어 부인 엘레나 차우셰스쿠(Elena Ceausescu : 1916~1989)를 제1부수상으로 임명하는가 하면 가족과 친인척들에게 요직을 맡기기도 했다.

이때 차우셰스쿠는 상식적으로 이해할 수 없는 정책을 펴기도 했다.

아이를 많이 낳아 국가 경쟁력을 높인다는 이유로 경찰에게 여성들의 임신 여부를 검사하게 했다. 아이가 없는 부부에게는 특별세를 물게도 했다.

폭정에 시달리던 루마니아 국민들은 결국 1989년 시민 혁명을 일으켰다. 당시 동구권에 불어닥친 자유화 물결도 루마니아 국민들의 민주화 욕구를 자극했다.

차우셰스쿠는 비상사태를 선포하고 친위 부대를 동원해 시민들에게 총을 쏘며 진압에 나섰다. 그러나 루마니아 군대가 시민 편에 서면서 몰락을 맞게 되었다. 1989년 12월 22일 해외 망명을 시도하다 체포된 것이다. 집권 24년 만의 붕괴였다.

그 후 차우셰스쿠 부부는 사흘 만인 12월 25일에 열린 특별 군사 재판에서 사형 판결을 받고 총살당하였다.

—

1849년 12월 22일

러시아 소설가 도스토예프스키, 사형대에 서다

—

이 세상에서 숨 쉴 수 있는 시간은 5분뿐이다. 그중 2분은 동지들과 작별하는데, 2분은 삶을 되돌아보는데, 나머지 1분은 이 세상을 마지막으로 한 번 보는 데 쓰고 싶다.

-표도르 도스토예프스키,『백치』

1849년 12월 22일 사형을 선고받은 러시아의 소설가 표도르 도스토예프스키(Fyodor Mikhailovich Dostoevskii : 1821~1881)가 사형대에 섰다. 사회주의 사상을 가진 미하일 페트라솁스키(Mikhail Petrashevsky : 1821~1866)가 주도한 독서모임에서 활동하다 반체제 혐의로 검거되었던 것이다.

하지만 이는 당시 황제 니콜라이 1세([Nikolai I : 1796~1855)가 꾸민 연극이었다. 서유럽 자유주의 사조가 러시아에 밀려 들어오는 것이 두려워 지식인들에게 경고를 보내기 위해 꾸민 일이었다.

어쨌든 사실을 알 리 없는 도스토예프스키는 영하 50도의 추운 날씨 속에 두 명의 사형수와 함께 눈이 가려진 채 사형대에 묶였다. 그런데 바로 그때 황제의 특사가 사형대 앞으로 달려왔다. 도스토예프스키를 4년간 시베리아에 유형을 보내는 것으로 감형했다는 것이었다.

이후 감옥에서 풀려난 도스토예프스키는 1859년부터 본격적으로 소설을 쓰기 시작했다. 주요 작품으로『죄와 벌』『백치』『악령』등 3대 장편과『카라마조프가의 형제들』을 남겼다. 그리고 1881년 1월 28일 60세를 일기로 사망했다.

1894년 12월 22일

유태계 프랑스군 장교 드레퓌스 종신형 선고

유태인이면서 프랑스군 장교인 알프레드 드레퓌스(Alfred Dreyfus : 1859~1935) 대위가 1894년 12월 22일 프랑스 군사법원으로부터 종신형을 선고받았다. 군사기밀을 독일에게 팔아넘겼다는 혐의였는데, 증거는 단지 필적이 비슷하다는 것뿐이었다.

하지만 이후 필적의 주인공이 육군 소령 에스테라지라는 사실이 밝

혀졌다. 이에 양심적 지식인들을 중심으로 재심을 요구하는 움직임이
일어났다. 그러나 권위가 실추될 것을 우려한 프랑스 군사법원은 계속
해서 드레퓌스의 유죄를 주장하였다.

하지만 소설가 에밀 졸라(Émile François Zola : 1840~1902), 아나톨
프랑스(Anatole France : 1844~1924), 마르셀 프루스트(Marcel Proust :
1871~1922) 등 지식인들의 도움으로 드레퓌스는 1906년 7월 12일 프
랑스 최고재판소로부터 무죄를 선고받았다.

이때 드레퓌스를 구해 내기 위해 프랑스 지식인들이 보여 준 집단적
저항은 인상 깊은 것이었다. 이른바 지식인의 양심을 대변하는 상징으
로 기록되고 있다.

* 1899년 9월 19일 '프랑스 대통령 에밀 루베, 육군 장교 드레퓌스를 특별사
  면하다' 참조

1858년 12월 22일

이탈리아 작곡가 푸치니 출생

제1막 북경의 왕궁 앞 광장 : 막이 열리면 한 관리가 나타나 포고문을 읽
기 시작한다.

"북경의 백성들이여 들어라. 황제의 딸 투란도트 공주는 자신이 내놓은 세
가지 수수께끼를 맞히는 왕가 혈통의 구혼자와 결혼할 것이다. 페르시아
왕자가 도전했지만 실패하고 말았다. 달이 떠오르면 그는 죽을 것이다."
이때 군중 사이에 남루한 옷을 걸친 늙은 노인이 있었는데 그는 조국을 잃

고 방황하고 있는 타르타르 왕 티무르였다.

-오페라 「투란도트」

오페라 「투란도트Turandot」는 지아코모 푸치니(Giacomo Puccini : 1858~1924)의 미완성 작품이지만 많은 비평가와 관객들에게 호평을 받는 걸작이다.

1926년 4월 밀라노의 스칼라극장에서 초연되었을 때였다. 제3막에서 하녀 류Liu가 사랑하는 사람을 위해 단도로 가슴을 찔러 자살하는 장면에 이르자 지휘자 토스카니니는 지휘봉을 내려놓았다. 그리고 관중들에게 돌아서서 조용히 말했다.

"여기서 오페라는 끝납니다. 작곡가가 세상을 달리하여 미완성으로 남았기 때문입니다."

한 순간의 정적이 지나간 뒤 관객들은 깊은 감동을 안고 극장을 나갔다. 푸치니는 1858년 12월 22일 이탈리아 루카에서 태어났으며, 아버지는 음악교사였다. 그는 어릴 때부터 음악에 천재적인 재능을 보인 것은 아니었지만 어머니의 노력과 일찍 돌아가신 아버지의 제자 안젤로니의 훌륭한 지도를 받아 16세 때 오르간 경연에서 1위를 차지하였다. 그리고 18세 때인 1876년에 베르디(Giuseppe Fortunino Francesco Verdi : 1813~1901)의 오페라 「아이다」를 보고 나서 작곡가가 되기로 마음먹었다. 푸치니는 당시를 회상하며 이렇게 말했다.

"그때 오페라 아이다는 고향 마을에서 40km나 떨어진 피사의 한 극장에서 공연했지요. 당시 나는 열여덟의 소년이었는데 음악을 좋아하는 친구두 명과 관람을 끝내고 달빛에 의지해 걸어서 고향 마을에 도착하니 어느덧 아침 햇살이 밝아오고 있었습니다. 그때의 나의 눈과 귀를 통해 느낀베르디의 오페라야말로 한순간에 나의 운명을 결정해 버렸습니다."

푸치니는 1880년에 마르게리타 여왕의 장학금과 많은 후원으로 밀라노의 음악학교에 입학하여 폰키엘리의 지도를 받았다. 그리고 1893년 트리노레지오극장에서 프레보의 소설을 제재로 「마농 레스코」를 초연하면서 오페라 작곡가로서 명성을 얻었다.

이후 「라 보엠」 「토스카」 「나비부인」 등 세계적으로 명성을 얻게 된 작품을 무대에 올렸다. 1920년 여름에는 아다미와 레나토 시모니가 대본을 쓴 「투란도트」의 오페라 작곡에 몰두하였다. 이 무렵 푸치니는 새로운 음악세계를 깨달은 것으로 보인다.

"지금까지 모든 나의 음악이 내겐 한갓 농담에 지나지 않는 것처럼 생각되네. 게다가 나는 더 이상 그것들을 좋아할 수 없네."

하지만 푸치니는 「투란도트」를 끝내 완성하지 못하였고, 인후암으로병상에 눕게 되어 1924년 11월 브뤼셀에서 심장마비로 세상을 떠났다.

12월의
모든 역사

12월 23일

■
∙
■

1947년 12월 23일

미국 벨연구소, 트랜지스터 개발에 성공하다

'트랜지스터라는 것에 대해 들어 본 적이 있나? 그 작은 결정 물질
은 진공관의 거의 모든 기능을 수행할 수 있다고 알려져 있네. 전후
시대의 발명품들 중에서도 최고가 될 가능성이 보이는 물건이라네.'

-영국의 과학자 튜링이 동료에게 보낸 편지

트랜지스터가 발명되기 전까지 전자회로를 구성하는 핵심소자는 진공관이었다. 진공관은 20세기 초반까지 라디오 · 텔레비전 · 레이더와 같은 거의 모든 전자 제품이나 장치에 적용되어 왔다. 특히 1946년에 개발된 세계 최초의 컴퓨터인 에니악ENIAC은 진공관을 이용한 최대의 걸작품이었다.

그러나 진공관은 부피가 클 뿐만 아니라 열이 많이 나기 때문에 별도의 냉각 장치가 필요했고, 조금만 잘못 건드려도 깨지기 쉬웠다. 에니악의 경우 내부에 1만 7,800개가 넘는 진공관이 사용되었으며 무게가 30t이나 되어 실용적인 면에서 많은 문제점을 가지고 있었다.

이 때문에 과학자들은 진공관을 대체할 새로운 전자부품을 연구하였다. 그중에는 미국 벨연구소에서 근무하고 있던 존 바딘(John Bardeen : 1908~1991), 월터 브래튼(Walter Houser Brattain : 1902~1987)도 있었다. 이들은 미국 뉴저지 주 벨연구소 4층의 별다른 특징 없는 실험실에서 연구의 실마리를 찾고 있었다. 세계 대전으로 연구가 중단된 독일의 반도체 연구논문들을 읽었으며, 양자역학이나 화학제조 기법과 같은 최신의 연구 성과도 참고하였다. 1947년 10월 이들은 마침내 마음대로 전자들을 흘려보내고 멈추게 할 수 있는 성과에 도달했다.

그리고 이 연구 결과는 1947년 12월 23일 공개되었다. 게르마늄 조각으로 만든 진공관의 220분의 1 크기에 불과한 손톱만한 부품에 가는 도체선을 접촉시키자 전기 신호가 증폭되었다. 20세기 최고의 발명품 가운데 하나인 트랜지스터가 탄생하는 순간이었다.

하지만 이 연구는 처음에 가치를 충분히 인정받지 못했다. 「뉴욕타임스」는 트랜지스터가 단지 보청기 기술을 개량하는 데 유익할 것이라고 보도하기도 했다. 애초의 연구 목적도 고장을 자주 일으키는 진공관을 대신할 부품을 찾기 위한 것이었다.

물론 최초의 트랜지스터는 매일 고장이 날 정도로 불완전한 것이었다. 한 번은 연구자들이 문을 열고 들어오면서 만진 손잡이 때문에 트랜지스터 묶음 전체를 버리기도 했다. 손잡이는 구리로 만든 것이었는데, 구리 원자들이 연구자의 손에 묻어 문제를 일으켰던 것이다. 결국 트랜지스터 연구진은 해체되었다. 이 때문에 트랜지스터는 1950년대 후반에 가서야 여러 응용 분야에서 진공관을 대신하여 본격적으로 사용되게 되었다.

한편 트랜지스터를 이용하여 상업적으로 큰 성공을 거둔 회사는 미국의 벨 시스템이 아니라 일본의 소니사였다. 소니는 1955년 트랜지스터 라디오를 시장에 내놓고 큰 성공을 거두었다.

* 1946년 2월 15일 '세계 최초의 전자계산기 에니악 등장' 참조

1823년 12월 23일

프랑스 곤충학자 파브르 출생

『곤충기』로 유명한 장 앙리 파브르(Jean Henri Fabre : 1823~1915)는 1823년 12월 23일 프랑스 남부 아베롱의 가난한 농촌 집안에서 태어났다. 어려서 양초도 귀한 산골에서 자라면서 풀과 나무와 새와 곤충과 어울려 지낼 수 있었다.

여섯 살이 되어 학교에 들어갔지만 교회에서 일을 해야 했고, 14세가 되었을 때는 보케르라는 곳에서 레몬을 팔거나 기차의 선로를 까는 일

을 도와야 했다. 다행히 사범학교의 근로학생이 될 수 있어서 19세 때 초등학교 선생님이 되었다.

23세 때 대학에 들어갔지만 가난으로 강의를 듣지 못하고 혼자서 수학과 물리를 공부해야 했다. 1849년에는 코르시카 섬에 있는 중학교의 물리 선생님이 되어 식물학자인 르키앙과 박물학자인 당통을 만나 산과 들을 돌아다니며 식물채집을 하였다.

파브르가 곤충에 대해 본격적인 관심을 가진 것은 31세이던 1854년으로 이때 곤충학자 레옹 뒤프르의 책을 읽고 깊은 감명을 받았기 때문이다. 그리고 이듬해 바구미를 사냥하는 흑노래기벌을 관찰하여『자연과학연보』에 발표했다. 이 논문으로 프랑스 아카데미가 주는 '실험생리학상'을 받았다.

1861년에 아비뇽 르키앙박물관장이 되고 그때까지 하던 교사 생활도 계속하였지만 가난하기는 마찬가지였다. 그러면서도 평생의 작업이 된『곤충기』를 계속 쓰고 있었다. 또한 어린이를 위한『대지』『하늘』『쉬운 천문학』등 과학보급서를 쓰면서 생계를 꾸려나갔다.

46세인 1868년에 교육부장관으로부터 훈장을 받고 나폴레옹 3세를 만나는 영광도 누렸다. 그리고 1878년에『곤충기』제1권을 완성하였고 다음 해 출판하였다. 이때 책 제목은『곤충학적 회상록』이었는데, 곤충에 대한 이야기뿐만 아니라 자신의 여러 가지 생각을 담았기 때문이다. 하지만 책이 출판되었을 때 학자들의 반응은 차가웠다.

'곤충학'이라는 말이 당시로서는 너무나 생소했고, 파브르의 글이 너무 쉬웠기 때문이다. 당시 대부분의 학자들은 학문적으로 가치가 있는 책이 되려면 무언가 무게가 있는 말들이 있어야 한다고 생각했었다. 하지만 영국의 생물학자 찰스 다윈(Charles Robert Darwin : 1809~1882)은 파브르의 책을 읽고 깊은 감명을 받아 그에게 편지를 보냈다.

'만약 제가 본능의 진화에 대해 쓴다면 귀하의 글을 인용하고 싶습니다. 앞으로 귀하의 글을 계속 읽을 수 있으면 좋겠습니다.'

『곤충기』 제10권은 1907년에 출판되었는데 30년이나 걸린 필생의 역작이었다. 이때 정부로부터 연금을 받았으며, 그가 90세가 되었을 때는 프랑스 대통령이 방문하기도 하였다. 파브르는 언제부터인가 '곤충의 시인'이라는 별명을 가지게 되었고, 프랑스 국회는 그의 집을 사적으로 지정하고 박물관을 세웠다. 파브르는 항상 다음과 같은 말을 되뇌었다.

"쇠똥구리가 만든 이상한 공을 처음 보았을 때의 감격을 잊을 수 없다. 그것은 앞으로도 나의 마음속에서 오랫동안 사라지지 않을 것이다."

1915년 92세를 일기로 사망하였다.

1973년 12월 23일

호주, 백호주의 정책 철회 발표

1850년 골드러시 이후 호주 대륙은 사람들에게 각광을 받기 시작하였다. 이전까지 호주는 영국에서 추방된 죄수들의 집합소였을 뿐이다. 하지만 금이 사람들을 끌어 모았다. 1841년 13만 명 남짓했던 인구가

1860년에는 115만 명으로 불어났다.

이 가운데에는 중국인들이 적지 않았다. 5만 5,000명 정도에 달했는데, 백인이 포기한 땅에 한해서만 채금을 허락하는 조건으로 호주에 정착했다. 그러나 금광을 발견하는 능력이 뛰어나 많은 돈을 벌자 백인들의 시기를 받게 되었다. 그러자 독일 황제 빌헬름 2세(Wilhelm Ⅱ : 1859~1941)의 황화론(黃禍論 : 아시아인이 유럽문명에 위협이 된다)이 호주에서 득세하면서 아시아인을 학살하는 사태가 벌어졌다.

결국 호주는 1901년 유색 인종은 받아들이지 않는다는 백호주의白濠主義이민법을 만들었다. 그리고 백호주의를 유지하기 위해 원주민을 학살하기도 했다.

그 후 1973년 12월 23일, 경제난을 겪던 호주는 새로운 이민 정책을 발표하였다. '인종과 피부색, 국적에 차별을 두지 않겠다'는 내용이었다. 이것은 백호주의를 버리고 여러 민족을 인정하겠다는 것으로 이해가 되었다. 하지만 속내는 다른 데 있었다. 호주의 넓은 땅을 개발하려면 자체 인구만으로는 부족했기 때문이었다. 따라서 호주인들의 백인우월주의는 2012년 현재도 곳곳에 잔존하고 있다.

1948년 12월 23일

일본의 A급 전범 도조 히데키 등 7명 사형 집행

제2차 세계 대전의 전범戰犯 처리를 위해 독일 뉘른베르크 국제군사재판과 함께 일명 도쿄재판이라 불리는 극동국제군사재판이 설치되었다. 그리고 1946년 5월 3일 도쿄의 옛 육사 강당에서 처음 재판이 열렸다.

이후 2년 반 동안의 심리를 거쳐 1948년 11월 12일, A급 전범자 25명 전원에게 유죄 판결이 내려졌다. 진주만 공습으로 침략 전쟁을 주도했고, 미국·영국·프랑스·네덜란드 영토를 침략했으며, 전쟁 포로를 학대하고 처형했다는 죄목이었다. 7명은 교수형, 16명은 종신형, 2명은 유기징역을 각각 선고받았다.

그리고 1948년 12월 23일, 교수형을 받은 일본의 A급 전범에 대한 사형 집행이 실시되었다. 도조 히데키, 히로타 고키, 도히하라 겐지, 이타가키 세이시로, 기무라 헤이타로, 마쓰이 이와네, 무토 아키라 등 7명이었다. 그러나 도조 히데키는 처형 직전에 '욕망의 이승을 오늘 하직하고 미타彌陀 곁으로 가는 기쁨이여'라는 유언시를 남길 정도로, 죽는 순간까지도 참회하는 모습을 보이지 않았다.

12월의
모든 역사

12월 24일

1865년 12월 24일

백인 인종 차별 단체 KKK단이 결성되다

-KKK단의 가두시위. 이들은 백인 개신교인들을 제외한 모든 사람
들, 즉 유색인종, 가톨릭교도 등을 테러의 대상으로 삼았다.

남북전쟁 이후 미국의 공화당 급진파는 흑인을 정계에 진출시켜 백인의 권력을 와해시키려고 했다. 그러자 1866년 12월 24일 미국 테네시 주에서 남군 기병대장 출신의 네이든 포레스트(Nathan Bedford Forrest : 1821~1877)는 6명의 퇴역 남군 장교들과 함께 극우 비밀 결사단체인 쿠 클럭스 클란Ku Klux Klan을 결성하였다. KKK단은 Ku Klux Klan의 줄임말이다. '원(circle)'을 뜻하는 그리스어 'kyklos'와 영어 단어인 'clan(집단)'을 합성해서 만든 단어이다.

KKK단을 만든 네이든 포레스트는 원래 남북 전쟁 당시 남부 총사령관이었던 에드워드 리 장군으로부터 최고의 지휘관이라는 평가를 받을 정도로 뛰어난 지략가였다. 하지만 그는 남북 전쟁 이전에는 노예를 팔아넘기는 노예 사업가이기도 하였다. 그래서 포레스트는 항상 극단적 칭송과 비난을 동시에 받았다.

KKK는 위계질서를 확립하고, 백인의 지배권을 회복하려고 백인 우월주의를 내세웠다. 구체적으로는 흑인들의 정치적 진출 차단, 반反유대주의, 인종차별, 반가톨릭, 기독교 근본주의, 동성애 반대 등을 표방하였다.

KKK단은 자신들이 백인임을 과시하고 상대방을 주눅 들게 만들기 위해 머리에서 발끝까지 흰색 천을 두르고 얼굴에는 흰 두건을 썼다. 그리고 흑인과 그에 동조하는 백인들을 협박하고 집단 폭행하는 등의 테러를 자행했다.

그 후 1870년에 그들의 폭력을 단속하기 위한 연방법이 제정되었다. 이어서 포레스트가 사망하면서 KKK단은 형식적으로는 해체되었다. 그러나 1910년대 이민자들이 쏟아져 들어오자 은밀히 재결성돼 한때 단원이 400만 명까지 늘어나기도 했다.

2012년 현재는 지속적인 인종 차별 폐지 운동의 전개와 연방정부의 단속 재개로 활동이 미미한 상태이다.

1994년 12월 24일

프랑스 여객기, 알제리 공항에서 피랍

1994년 12월 24일 오전 11시경, 알제리 수도 알제의 우아리 부메디엔느 공항에서 여객기 납치 사건이 발생하였다. 한 무리의 무장 괴한들이 파리로 향해 이륙을 준비 중이던 에어프랑스 소속 여객기를 납치한 것이다. 당시 여객기에는 승무원 12명을 포함해 239명이 탑승하고 있었다.

범인들은 이슬람 과격단체인 무장이슬람그룹GIA 소속으로 알려졌다. 이들은 항공정비사 복장을 하고 여객기 내로 들어갔고, 진입하자마자 탑승객 2명을 살해했다. 그리고 곧바로 2명의 승객을 더 살해했다.

납치범들은 12월 25일 오전까지 알제리 회교구국전선FIS 지도자 2명의 석방을 요구했지만 알제리 당국은 받아들이지 않았다. 그러자 납치범들은 12월 26일 승객과 승무원 172명을 태우고 알제리를 이륙하여 프랑스 마르세유의 마리냔 공항에 도착했다. 이때 프랑스 테러 진압 특수부대인 GIGN 요원들이 피랍 여객기를 기습하였다. 곧 납치범들이 사살되고 승객들이 구출되면서 사건은 끝이 났다.

1906년 12월 24일

미국의 레지널드 페센덴, 세계 최초로 라디오 방송 성공

1906년 12월 24일 미국 매사추세츠 브랜트 록 기지국에서 캐나다 출신의 미국 무선공학자 레지널드 페센덴(Reginald Fessenden : 1866~ 1932)이 송신기 마이크 앞에 섰다. 그리고 크리스마스 이브를 축하한다고 말했다. 세계 최초의 라디오 방송이 시작된 것이다.

페센덴은 이날 원통형 에디슨 축음기로 헨델의 '라르고'를 들려 주었고, 바이올린으로 직접 「거룩한 밤」을 연주하기도 하였다. 그리고 12월 31일 밤에 신년 인사차 다시 방송을 하겠다면서 마무리를 하였다.

하지만 이후 본격적으로 라디오 방송이 활성화된 것은 아니었다. 미국 발명가 리 드 포레스트(Lee De Forest : 1873~1961)가 진공관 증폭기를 개발한 이후, 그리고 1925년에 많은 기업들이 라디오 수신기 생산에 돌입함으로써 본격적으로 라디오 방송은 전성기를 맞게 되었다.

1818년 12월 24일

세계 최초의 캐럴 「고요한 밤 거룩한 밤」 탄생

요제프 모어(Joseeph Mohr : 1792~1848)는 오스트리아 잘츠부르크 부근 오베른도르프라는 작은 도시에 있는 성 니콜라오 성당의 사제였다. 그는 크리스마스를 앞두고 성당의 유일한 악기인 오르간이 고장 나자 걱정에 빠졌다. 성탄 미사를 드릴 일을 막막해졌기 때문이다. 그는 기도하는 가운데 시상이 떠올라 즉석에서 노랫말을 만들었다.

다음 날, 모어는 오르간 주자 프란츠 그루버(Franz Gruber : 1787~1863)를 찾아가 자신이 만든 노랫말에 맞는 경건한 곡을 부탁하였다. 그루버는 하루 만에 곡을 완성하였다.

그리고 이 곡은 1818년 12월 24일 성탄 전야 미사에서 처음으로 불렸다. 세계 최초의 캐럴로 기록되고 있는 「고요한 밤 거룩한 밤」이다.

이후 「고요한 밤 거룩한 밤」은 매년 성탄절이 되면 성 니콜라오 성당에서 불렸으며, 오스트리아 국내는 물론 전 세계로 퍼져 나갔다.

2012년 현재 「고요한 밤 거룩한 밤」은 130개 언어, 193개 버전으로 번역돼 성탄절을 즈음해 세계 곳곳에서 불리고 있다.

—

1925년 12월 24일

영화 「전함 포템킨」 개봉

—

소련 영화의 황금기를 이루어낸 영화감독으로 세르게이 에이젠슈테인(Sergei Mikhailovich Eizenshtein : 1898~1948)을 꼽는다. 그의 영화 「전함 포템킨Bronenosets Potyomkin」은 1905년 6월 흑해 북쪽 오데사 항에 정박한 러시아의 전함 포템킨호에서 벌어진 봉기를 극적으로 그려내고 있다.

이 영화는 몽타주 화법이 적용된 무성영화로 찰리 채플린(Charles Spencer Chaplin : 1889~1977)이 최고의 영화로 평가한 작품이기도 하다. 프롤레타리아 혁명 정신을 고취하려는 목적으로 제작되어, 1925년 12월 24일 러시아 혁명 20주년 기념식이 열린 모스크바 볼쇼이 극장에서 개봉됐다.

* 1905년 6월 26일 '러시아 전함 포템킨호에서 폭동이 일어나다' 참조

12월의
모든 역사

12월 25일

336년 12월 25일

크리스마스 축제가 시작되다

하나님이 세상을 이처럼 사랑하사 독생자를 주셨으니 이는 저를 믿는 자마다 멸망치 않고 영생을 얻게 하려 하심이니라. 하나님이 그 아들을 세상에 보내신 것은 세상을 심판하려 하심이 아니요, 저로 말미암아 세상이 구원을 받게 하려 하심이라.

-『신약성경』, 「요한복음」

예수 그리스도의 탄생을 기념하는 축일인 크리스마스는 '그리스도의 미사'라는 뜻을 가지고 있으며 매년 12월 25일 거행되고 있다. 처음에는 크리스마스가 1월 6일, 3월 21일, 12월 25일로 지역마다 날짜가 일정하지 않았다. 그러나 336년 무렵 로마교회에서 12월 25일로 정한 이후에 1월 6일을 축일로 하던 동방교회도 12월 25일로 정한 것으로 보인다.

한편 서양에서는 525년경에 예수의 탄생을 기원紀元의 기준으로 삼아 탄생 전을 B.C.(before Christ), 탄생 후를 A.D.(anno Domini : 주님의 해)로 정했지만 실제로 예수가 태어난 해는 기원전 7년~기원전 4년 무렵인 것으로 추정되고 있다. 예수의 탄생에서 부활에 이르는 전기는 『신약성경』에 나와 있다.

> 요셉이 이런 생각을 하고 있을 무렵에 주의 천사가 꿈에 나타나서 '다윗의 자손 요셉아, 두려워하지 말고 마리아를 아내로 맞아들이어라. 그의 태중에 있는 아기는 성령으로 말미암은 것이다. 마리아가 아들을 낳을 터이니 그 이름을 예수라 하여라. 예수는 자기 백성을 죄에서 구원할 것이다' 하고 일러 주었다.
>
> -「마태복음」

예수의 탄생 시기와 장소는 불확실하지만, 「마태복음」과 「누가복음」에 따르면 유대의 베들레헴에서 목수 요셉과 동정녀 마리아의 아들로 태어났다. 그리고 그는 갈릴리의 나사렛에서 부모님께 순종하고 예배당에서 율법을 배우며 자랐다. 예수는 30세 무렵에 다가오는 하나님의 나라를 위해 회개할 것을 설파하는 세례 요한으로부터 세례를 받고 광야에 나가 40주야의 금식기도를 하면서 악마의 시험을 받고 물리쳤다.

이후 예수는 광야에서 나와 갈릴리 지방을 중심으로 회당에서, 호숫가에서, 길에서, 어린이 · 노인 · 병든 자 · 불결한 자를 구분하지 않고, 하나님의 사랑과 용서를 전파하였다. 그리고 다가오는 하나님의 나라를 준비하고 회개하라고 가르쳤다. 「마태복음」에는 유명한 산상설교가 실려 있다.

너희는 '네 이웃을 사랑하고 네 원수를 미워하라'고 말한 것을 들었거니와, 나는 너희에게 말하노니, 너희 원수들을 사랑하고, 너희를 저주하는 자들을 축복하며, 너희를 미워하는 자들에게 잘해 주고, 너희를 천대하고 박해하는 자들을 위하여 기도하라. 그래야 너희가 하늘에 계신 너희 아버지의 자녀들이 되리라.

그리고 자신이 메시아임을 선언하였고, 사람들도 그를 메시아로 인정하였다. 예수는 기적을 행하면서 많은 가르침을 주었다. 처음에 예수를 그리스도로 믿지 않았던 사람들이 점점 예수를 따르자, 예수를 시기하는 사람들이 생기기 시작했다. 예수는 안식일을 엄격히 지키는 것이 오히려 인간을 탄압하는 길이라고 말하니, 율법을 엄격히 지키는 바리새파와 충돌할 수밖에 없었다. 또한 로마 권력에 빌붙어 자신들의 이권을 챙기고 있던 사두가이파의 귀족계급에게 예수의 존재는 부담스런 것이었다. 심지어 예수를 통해 로마를 물리치려고 했던 대중들도 인류의 구원을 설파하는 예수를 떠나기 시작했다.

결국 이들은 예수를 죽일 음모를 꾸미기 시작했다. 예수 역시 이들의 음모를 알았지만 유월절 전날 밤에 제자들과 최후의 만찬을 들었다. 그리고 겟세마네 동산으로 가서 기도하였다. 그리고 결국 예수는 제자의 한 사람인 유다에게 배신당하여 체포되었다. 이후 로마 총독인 빌라도의 재판을 받았고 로마 황제에게 반역하였다는 죄목으로 골고다 언덕에서 십자가에 못 박히었다. 그러나 예수는 죽은 후 3일이 지나 부활하였다. 그리고 부활한 예수는 여자들과 제자들에게 모습을 보였고 하늘로 올라갔다. 천사들이 나와 하늘을 쳐다보고 있는 제자들에게 말하였다.

"너희 갈릴리 사람들아, 어찌하여 너희는 하늘을 쳐다보고 서 있느냐? 너희를 떠나 하늘로 들려 올라가신 예수는 너희가 하늘로 가심을 본 그대로 오시리라."

-「사도행전」

1977년 12월 25일
영국의 희극배우 찰리 채플린 사망

영국이 낳은 세계적인 희극배우 찰리 채플린(Charles Spencer Chaplin : 1889~1977)은 1889년에 태어났다. 배우 출신이었지만 알코올 중독자인 아버지와 정신병원을 전전한 어머니 사이에서였다. 그의 어린 시절은 늘 불우했던 것으로 알려져 있다.

채플린은 뉴욕 연극무대를 거쳐 1913년 영화제작의 메카 할리우드에 진출하였다. 1920년 「키드」를 처음으로 연출한 것을 시작으로 1917년까지 수십 편의 단편영화를 제작했다. 이후 감독과 제작을 겸하면서 「모던 타임스」(1936년)·「위대한 독재자」(1940년) 등 희극과 비극, 풍자를 곁들인 명화를 만들었다.

제2차 세계 대전 후에 채플린은 미국의 보수 세력으로부터 공산주의 자라고 비난을 받기도 하였다. 하지만 영화 저변 확대에 기여한 공로를 인정받아 1972년 미국 영화아카데미가 주는 특별상을 받았다. 1975년 에는 엘리자베스 여왕으로부터 기사 작위도 받았다.

그리고 1977년 12월 25일 88세를 일기로 스위스 로잔에서 사망하였 다. 채플린은 영화 100년 역사상 대중들로부터 가장 폭넓은 사랑을 받 은 배우이자 감독, 그리고 제작자로 평가받고 있다.

* 1975년 1월 2일 '찰리 채플린, 기사 작위 수여' 참조

12월의
모든 역사

12월 26일

■
·
■

2002년 12월 26일

세계 최초로 복제 아기가 태어나다

"엘로힘이 인간의 행복과 발전을 위해 모세, 예수, 석가, 마호메트 등의 예언자를 보내 인류를 교육하고, 개화시켰다."

-클로드 보리롱 라엘

1973년 12월 13일 스포츠카 잡지 발행인인 클로드 보리롱 라엘 (Claude Vorilhon Rael : 1946~)은 프랑스 중서부에 있는 클레르 몽페랑의 한 사화산에서 외계로부터 UFO(미확인비행물체)를 타고 날아 온 우주인을 만났다. 그 우주인의 이름은 '엘로힘Elohim'이었다.

2년여 뒤인 1975년 10월 7일 라엘은 UFO를 타고 우주인의 혹성을 방문하여 6일 동안 그들과 대화를 나눴다. 그 자리에서 우주인들이 지구인들에게 주는 메시지를 전달받은 라엘은 이후 자신의 이름을 딴 '라엘리언 무브먼트'라는 종교 단체를 만들었다.

라엘리언 무브먼트는 2만 5000년 전에 외계인들이 비행접시를 타고 지구로 날아와 유전조작을 통해 최초의 인간이 탄생했다고 주장하였다. 그래서 이들은 현존하는 인간들도 복제에 의해 만들어졌으며, 아기를 가질 수 없는 불임부부와 동성애자들도 인간복제를 통해 자녀를 가질 수 있다고 말하였다.

라엘은 복제 아기를 탄생시키기 위해 미국 플로리다 주에 클로네이드Clonaid라는 생명공학 회사를 설립하였다. 그는 2002년 11월 27일 미국인 2쌍, 아시아인 2쌍, 유럽인 1쌍 등 모두 5쌍이 참여해 5명의 여인이 복제인간을 임신 중이라고 말하였다. 그로부터 한 달여가 지난 그해 12월 26일 클로네이드 대표는 기자회견을 열어 세계 최초로 복제 아기가 태어났다고 밝혔다.

"2002년 12월 26일 제왕절개를 통해 '이브'라고 이름 붙여진 인류 최초의 복제 아기가 태어났다. 이브는 현재 건강한 상태다."

이들은 복제양 돌리를 탄생시킨 체세포 복제 방법과 동일한 방식으로 인간 복제를 시도하였다. 일단 사람의 귀나 피부에서 세포를 떼어낸 뒤 유전물질인 DNA가 담긴 핵을 분리하였다. 그리고 나서 다른 여성에게서 난자를 채취한 뒤 핵을 제거한 다음 복제하고자 하는 세포의 핵을 화학적 방법으로 융합시켜 수정란을 만들었다. 이것을 여성 자궁에 착상시킨 후 9개월 동안 키워낸 것이다.

아기는 어머니의 체세포 일부를 떼어내 복제했기에 산모와 아기는 유전적으로 동일한 인간이라고 이들은 주장하였다. 하지만 엄마와 아이의 DNA 정보가 같다는 증거를 제시하지는 못해 진위 여부가 판가름되지 못하였다.

아버지, 어머니 상관없이 한 사람의 유전자만으로 아기를 만들어 낼 수 있다는 것은 부모의 유전자를 절반씩 물려받는 인류의 생명 유지 방식을 거스르는 것이다. 이 때문에 복제 과정에서 유산과 선천성 기형, 면역 체계 결함, 조로 등의 부작용이 발생할 가능성이 높다. 그래서 수정이 된 이후를 생명체로 보는 종교계 등에서는 인간복제는 물론, 배아 연구 자체도 중지해야 한다고 거세게 주장하고 있는 실정이다.

2012년 현재 질병 치료 및 과학연구 목적이 아닌 아기 출산을 위한 인간복제는 세계 각국이 대부분 법으로 금지하고 있다. 그럼에도 인간복제 연구는 공공연히 진행되고 있다.

—

2004년 12월 26일

인도양 지진 해일 사태 발생

—

2004년 12월 26일 진도 8.9의 강진이 인도네시아 수마트라 섬 부근

해저에서 발생하였다. 2,000km 떨어진 싱가포르의 고층 건물이 흔들릴 정도로 강력했다. 지진의 원인은 1,200km 길이의 단층대가 인도 지각 판과 버마 지각판 사이의 침강대에서 움직이면서 발생했다. 순간적으로 20m나 움직인 것이 문제였다.

지진 직후 해일이 발생해 시속 800km의 속도로 퍼져나갔다. 해일은 곧 벵골 만 서쪽의 스리랑카와 인도, 태국 등지로 밀려들었다. 휴식을 즐기기 위해 찾아 온 여행객들로 만원이었던 태국의 푸켓과 인도양 몰디브 등은 순식간에 비명으로 가득 찼다.

당시 인도네시아와 스리랑카, 인도, 태국 등의 해안 지역에서 수십만 명이 사망하고 수만 명이 실종되었다. 지진 해일이 일으킨 피해 규모로는 역사상 최대였다.

—

1972년 12월 26일

미국 제33대 대통령 트루먼 사망

—

해리 트루먼(Harry Shippe Truman : 1884~1972)은 1884년 미국 미주리 주 러마에서 농부의 아들로 태어났다.

그는 제1차 세계 대전이 일어나자 포병 소위로 전쟁에 나갔다. 전쟁 후 법률학교를 나와 판사를 지낸 후 정치에 입문하였다. 1934년에 미주리 주에서 상원의원에 당선되었고, 1944년 프랭클린 루즈벨트(Franklin Delano Roosevelt : 1882~1945) 대통령 때 부통령이 되었다. 1945년에 대통령이 뇌출혈로 사망하자 대통령직을 승계했으며, 1948년 제33대 대통령에 재선되었다.

트루먼은 뉴딜 정책을 옹호했으며, 반공 정책을 내세운 트루먼 독트린을 발표하였다. 한국전쟁 중에는 제2차 세계 대전의 영웅 더글러스 맥아더(Douglas MacArthur : 1880~1964) 장군을 해임하기도 하였다.

저서로는 2권짜리 『회고록』이 있다. 1972년 12월 26일 88세를 일기로 사망하였다.

* 1947년 3월 12일 '미국, 트루먼 독트린 발표' 참조
* 1948년 4월 3일 '미국 트루먼 대통령, 마셜 플랜에 서명하다' 참조
* 1951년 4월 11일 '미국 트루먼 대통령, 맥아더 유엔군 총사령관 해임' 참조

12월의
모든 역사

12월 27일

■
·
■

1822년 12월 27일

프랑스의 미생물학자 파스퇴르가 태어나다

"자연 세계에 당신만큼 확실한 발자국을 내딛은 사람은 없었습니다. 당신이 이룬 과학 연구는 생명이 탄생되는 곳의 깊고 어두운 밤을 비추는 한줄기 빛과 같습니다. 당신은 창조적인 연구를 무기로 가치 없는 것들과 싸우는 엘리트로서 인정받을 것입니다."

-1882년 4월 프랑스 아카데미 원장의 종신 위원 환영 연설

루이 파스퇴르(Louis Pasteur : 1822~1895)는 1822년 12월 27일 프랑스 돌에서 태어났다. 아버지는 가죽을 다루는 일을 하고 있었다.

파스퇴르는 초등학교 시절 평범한 아이였지만 고등학교부터 서서히 재능을 보이기 시작했다. 그러자 아버지는 아들이 대학에 가서 교사가 되길 바랐다. 가난한 집안에서 대학을 나와 교사가 된다는 것은 시골에서는 무척 영광스런 것이었다.

파스퇴르는 먼저 파리의 예비 사립학교로 갔지만 도시의 갑갑함을 이기지 못하고 돌아왔다. 하지만 다시 공부를 시작하여 1842년에 에콜 노르말에 합격하였고, 그곳에서 물리와 화학을 공부하면서 실험의 즐거움을 맛보았다. 교사가 되길 원했던 아버지는 아들이 실험실에 머물고 싶다고 하자 처음에는 심하게 반대하였으나 결국 승낙하였다.

"이제 나도 네가 남다르다는 걸 이해한단다. 건강을 해치지 않고 과학을
열심히 공부하기 바란다."

파스퇴르는 1847년에 박사학위를 받고 2년 후에 스트라스부르크 대학교 화학 교수, 1854년에는 릴 대학교 화학 교수, 1857년에는 모교인 에콜 노르말의 과학 연구부장이 되었다.

파스퇴르는 릴에 있을 때 술을 만드는 방법에 대한 질문을 받고 발효에 대한 연구를 시작했다. 당시 프랑스의 양조산업은 너무 빨리 쉬어 버리는 포도주 때문에 매년 헤아릴 수 없는 손실을 입고 있었다. 그는 1857년 발효에 관한 첫 논문을 발표하여 우유가 시큼해지는 것이 젖당이나 락토오스가 젖산으로 변하기 때문이라고 주장했다.

1860년 무렵 파스퇴르는 발효 과정에서 일어나는 미생물의 역할을

연구하였다. 이때 S자형 플라스크를 이용하여 공기 속의 먼지가 미생물을 옮긴다는 것을 실험으로 증명했다. 생물은 자연적으로 우연히 무기물에서 발생한다는 자연발생설을 부정한 것이다. 그리고 발효의 화학적 활동은 생명 활동과 관계있으며, 만약 미생물이 성장하여 번식하지 않는다면 알코올 발효는 일어나지 않는다고 주장하였다.

1863년 무렵에는 발효액에 있는 박테리아 때문에 포도주가 상한다는 것을 알아냈다. 따라서 약 57℃로 몇 분만 가열하면 포도주를 변질시키지 않으면서 박테리아의 독성만 파괴할 수 있다고 하였다. 이것이 바로 오늘날 많이 사용되고 있는 저온살균법Pasteurization의 시초였다.

1865년에 파스퇴르는 프랑스 황제와 뒤마 교수로부터 누에 전염병을 치료할 방법을 찾아보라는 부탁을 받았다. 그리고 2년 후에 누에 전염병을 막을 수 있는 방법을 찾아냈다. 감격한 농민들은 이때 파스퇴르의 동상을 세웠다.

그 후 파스퇴르는 맥주에 관한 연구를 하였고, 1879년에는 백신 접종에 의한 닭 콜레라의 예방법을 발견하기도 하였다. 그런데 당시 닭 콜레라보다 농가에 더욱 치명적인 것이 탄저병이었다. 이 병에 걸리면 동물들은 다리가 약해져 비틀거리다가 곧바로 죽어 버리는 현상을 보였다. 치사율이 강해 순식간에 수천 마리의 면양과 소, 말들이 죽었으며, 특히 면양을 기르는 농가는 큰 피해를 보고 있었다.

파스퇴르는 1881년 탄저병 연구에 몰입했다. 먼저 그는 닭 콜레라를 치료하던 방법으로 실험하면 성공할 것이라고 생각했지만 실험은 실패로 끝났다. 이때 지방 농업협회를 대표하는 로시뇰이라는 사람이 파스퇴르의 미생물 연구를 믿지 못하겠다고 나섰다. 만약 파스퇴르가 백신 실험을 한다면 자기는 필요한 동물 수십 마리를 제공하겠다고 한 것이다.

파스퇴르는 그의 제안을 받아들이고 유능한 조수인 에밀 루를 불러 연구를 지시했다. 자신도 연구를 계속했지만 성과를 거두지는 못했다. 그런데 에밀 루는 툴루즈의 수의과 교수인 투생이 사용하는 방법을 이용하여 탄저병 치료에 성과를 거두고 있었다.

1881년 5월 5일부터 로시뇰의 농장인 푸이 르포르에서 실험이 실시되었다. 파스퇴르는 24마리의 양과 6마리의 젖소, 한 마리의 염소에게 에밀 루가 제안한 투생의 방법을 이용해 만든 백신을 주사했다. 5월 17에는 더욱 강한 백신을 주사했다. 그리고 5월 31일, 탄저균을 동물들에게 주입하고 때를 기다렸다. 드디어 6월 2일 백신 투입이 성공했다는 소식을 들었다. 백신을 맞은 동물들이 모두 살아남았던 것이다.

파스퇴르의 성공은 신문에 대대적으로 보도되었고 프랑스뿐 아니라 영국, 이탈리아에서도 큰 반응을 보였다. 프랑스 정부는 파스퇴르에게 최고 훈장을 주었고 연봉을 올려 주었다. 그리고 1882년 영예의 프랑스 아카데미 회원이 되었다.

파스퇴르는 1885년에 '파스퇴르 치료법'이라는 광견병 치료법을 개발하여 9세 소년을 구했다. 이때 광견병 연구를 위한 파스퇴르 연구소가 파리에 세워졌다. 파스퇴르는 이 연구소에서 1895년에 생을 마칠 때까지 연구를 계속하였다.

* 1885년 7월 6일 '프랑스의 미생물학자 파스퇴르, 광견병 치료에 성공' 참조

2007년 12월 27일

파키스탄의 전前 여성 총리 베나지르 부토 피살

2007년 10월 18일, 파키스탄의 베나지르 부토(Benazir Bhutto : 1953~ 2007) 전 총리가 8년간의 영국 망명 생활을 마치고 귀국하였다. 그런데 그녀가 카라치 공항에 도착해 귀국 축하 행진을 벌일 때 폭발물이 두 차례나 폭발했다. 다행히 부토는 폭발 10분 전 휴식을 위해 차 안에 들어가 있어 참변을 면했다.

하지만 그로부터 두 달여가 지난 12월 27일 부토는 결국 자살폭탄 공격을 받아 사망하고 말았다. 부토는 이날 펀자브 주 라왈핀디에서 내년 총선에서의 지지를 촉구하는 유세를 벌이고 있었다.

부토는 1970년대에 파키스탄 핵개발을 주도한 민족주의자 줄피카르 알리 부토(Zulfikar Ali Bhutto : 1928~1979) 전 총리의 딸이다. 아버지가 군사 쿠데타로 실각하고 1979년 4월에 처형당하는 비극을 겪었다. 하지만 그 뒤 파키스탄인민당PPP을 이끌며 1989년 이슬람권 최초의 여성 총리가 되었다. 그 후 부패 스캔들이 불거지자 정권을 내주고 영국으로 망명했었다.

* 1979년 4월 4일 '파키스탄의 전 총리, 부토가 사형당하다' 참조
* 2007년 10월 18일 '파키스탄의 전 총리 부토 귀국길에 폭탄 테러를 당하다' 참조

1945년 12월 27일

브레턴우즈 협정 발효

1944년 7월 미국을 중심으로 한 연합국 44개국은 미국의 작은 도시인 브레턴우즈에서 개최된 유엔통화금융회의에서 브레턴우즈 협정을 성립시켰다.

이 협정은 세계 경제를 규율할 국제경제기구인 국제통화기금IMF, 국제부흥개발은행IBRD의 설립을 결의한 것이다. 이 협정에 따라 1945년 12월 27일 관계국 총회가 개최되어 정식 조인식을 가졌다.

이 협정의 주요 내용은 달러화를 기축통화key currency로 하는 고정환율제도의 도입이었다. 이것은 변형된 금본위 제도를 뜻하는 것이었다.

당시 세계 금의 70%를 가지고 있던 미국은 금 대신 달러를 기준으로 삼자고 적극적으로 주장하였다. 그리고 달러 대 금의 교환 비율은 35달러에 금 1온스로 정하였다. 하지만 미국의 무역수지가 적자로 돌아서고 월남전으로 재정적자가 쌓이자 달러 가치는 날로 떨어지면서 경쟁력이 약화되었다.

전 세계에서 달러를 금으로 바꿔달라는 주문이 쇄도해 연방금고의 금이 바닥날 지경에 이르자 결국 미국은 손을 들었다. 이로써 1971년 8월 닉슨 쇼크로 불리는 미국의 신경제정책 발표로 브레턴우즈 체제는 막을 내렸다.

* 1971년 12월 18일 '미국 워싱턴에서 스미스소니언 협정 체결' 참조

1904년 12월 27일

연극 「피터 팬」, 런던의 극장에서 초연

영국의 극작가 제임스 배리(James Matthew Barrie : 1860~1937)의 동화 『피터 팬Peter Pan』이 런던의 듀크 오브 요크라는 극장에서 1904년 12월 27일 초연되었다.

이때만 해도 성공을 말하는 사람은 거의 없었다. 우선 극의 구성이 복잡했다. 그리고 부모의 보호도 없이 모험을 즐기며 어른이 되기를 거부한 피터 팬은 당시 영국 정서에 맞지 않는 것이었다.

하지만 공연은 성공적이었다. 언론에서는 어린이보다는 어린이가 되고 싶은 어른이 열광하는 동화라고 평가했다.

한편 초연 100년 후인 2004년에 듀크 오브 요크 극장에서는 피터 팬 탄생 100주년 기념 공연이 열리기도 했다.

12월의
모든 역사

12월 28일

■
．
■

1885년 12월 28일

인도 국민회의 창립 대회를 개최하다

"우리들이 지향하는 목표는 민족 역량을 하나의 초점에 집중하는
것이다. 가능하면 그 힘을 인도 민중의 권익을 높일 수 있도록 공통
의 목적에 집중하는 것이다."

-수렌드라나트 바네르지

영국의 식민지였던 인도에서는 19세기 중반에 들어서면서 민족 해방을 요구하는 목소리가 높아지기 시작했다. 특히 1883년 인도 총독 참사회의 법률위원인 일버트가 만든 인도인과 유럽인의 인종 차별 폐지를 다룬 법안을 둘러싸고 많은 논란이 벌어졌다.

이 논쟁을 계기로 인도의 지식인들은 1883년 연말에 인도국민협의회 대회를 캘커타에서 개최하였다. 이에 대해 영국은 인도국민협의회에 가담하지 않은 지식인을 중심으로 인도국민회의를 결성하기로 했다. 인도 통치를 원활하게 하고 반영反英 운동을 무마할 목적이었다.

인도국민회의 설립 계획을 세운 사람은 영국인 알렌 흄(Allan Octavian Hume : 1829~1912)이었다. 그는 인도인들의 불만과 폭동을 막기 위해 영국과 인도의 대화 통로가 될 수 있는 단체가 필요하다고 주장하면서 인도의 대표 기관 설립을 제안하였다. 이를 통해 영국의 식민 지배 이념을 인도인들에게 보급시키려고 한 것이었다.

두퍼린 인도 총독은 흄의 제안을 받아들였고, 뭄바이 출신의 정치가인 다다바이 나오로지(Dadabhai. Naoroji : 1825~1917)와 벵골 출신의 수렌드라나트 바네르지(Surendranath Banerjea : 1848~1925)를 중심으로 1885년 12월 28일 뭄바이에서 인도국민회의Indian National Congress 창립대회를 개최하였다.

한편 영국은 1903년에 힌두교도와 이슬람교도로 분열되어 있는 벵골 지방을 동서로 분할하는 벵골 분할령을 발표하였다. 그러자 국민회의는 영국의 의도와는 다르게 인도의 사회운동가 발 틸라크(Bal Gangadhar Tilak : 1856~1920)를 중심으로 벵골 분할 반대 투쟁에 나서기 시작했다. 영국 상품의 배척, 완전 자치(스와라지), 국산품 애용(스와데시), 국민 교육 등의 구호를 내걸고 반영 투쟁을 전개하였다.

결국 1911년 영국은 벵골 분할령을 철회하였으며, 이후 인도 독립 운동은 국민회의 의장인 마하트마 간디(Mahatma Gandhi : 1869~1948)의 주도 아래의 새로운 전기를 맞이하였다.

2004년 12월 28일

미국의 대표 지성 수잔 손택 사망

"해석은 지식인이 예술과 세계에 가하는 복수이다."

-수잔 손택

미국의 소설가 겸 수필가이자 예술평론가인 수잔 손택(Susan Sontag : 1933~2004)이 2004년 12월 28일 뉴욕 슬론-키터링 기념 암센터에서 백혈병으로 숨졌다.

1933년 뉴욕에서 태어난 손택은 15세가 되던 1948년 캘리포니아 대학에 입학하였다. 이후 시카고 대학교와 하버드 대학교 등에서 철학, 문학, 신학 등 다양한 학문을 공부했다.

스스로를 '우둔한 탐미주의자'라고 부른 수잔 손택은 여러 분야에 걸쳐 저서를 남겼다. 정치와 사회, 예술평론 등은 물론 소설 등 문학 분야에서도 인정을 받았다. 또 저술뿐 아니라 인권, 테러 등 사회의 여러 문제에 대한 비판을 통해 참여하는 지식인으로 활동했다.

수잔 손택은 1960년대에 미국의 베트남전 반대 운동에 적극 참여했고, 살만 루시디(Salman Rushdie : 1947~)가 『악마의 시』로 이란 종교 당국으로부터 사형 선고를 받자 항의 운동을 주도했다. 또한 1993년

에는 사라예보 내전에 반대하는 의미로, 사라예보 현지에서 연극「고도
를 기다리며」를 공연했다.

저서로『해석에 반대한다』(1964),『사진에 관하여』(1977),『은유로서
의 질병』(1978),『화산의 연인』(1992),『미국에서』(2000) 등이 있다.

1895년 12월 28일

뤼미에르 형제, 세계 최초의 유료 영화 상영

1895년 12월 28일 프랑스 파리의 그랑 카페에서「물 뿌리는 사람」
「열차의 도착」등 1분 정도 분량 10여 편의 영화가 상영되었다. 이날
모인 사람은 프랑스의 문화계 인사 30여 명이었다.

영화를 제작한 오귀스트 마리 루이 니콜라 뤼미에르(Auguste Marie
Louis Nicholas Lumière : 1862~1954)와 루이 장 뤼미에르(Louis Jean
Lumière : 1864~1948) 형제는 이들에게 1프랑씩의 입장료를 받았다. 그
래서 이날은 세계 최초로 유료 영화가 상영된 날로 기록되었다.

이 영화를 본 관객들의 반응은 뜨거웠다. 특히「열차의 도착」이 상영
될 때에는 열차가 자신을 향해 달려오는 줄 알고 깜짝 놀라 자리를 박
차고 일어나는 관객들도 있었다.

이에 앞서 뤼미에르 형제는 그해 3월 22일에 세계 최초의 무성 영화
인「공장을 나서는 노동자들」을 상영한 바 있었다.

이후 뤼미에르 형제는 20여 년간 무려 400여 편의 단편영화를 더 만
들었다.

* 1895년 3월 22일 '프랑스 뤼미에르 형제, 세계 최초로 무성 영화를 상영하

   다' 참조

12월의
모든 역사

12월 29일

■
．
■

1989년 12월 29일

하벨, 체코 최초의 비공산당계 대통령에 취임하다

"우리는 평화적으로 혁명을 이루어 냈습니다. 이는 벨벳 혁명입니다."

하벨은 시민 혁명이 벨벳처럼 부드럽게 이루어졌다는 의미에서 '벨벳 혁명Velvet Revolution'이라는 말을 썼고, 이 말은 피를 흘리지 않고 이루는 시민 혁명을 상징하게 되었다.

체코슬로바키아는 1918년 오스트리아-헝가리 제국이 해체되면서 탄생한 국가이다. 이후 유럽 강대국의 지배를 받아 오던 체코슬로바키아는 1945년 소련에 의해 해방되면서 사회주의가 진행되었다.

그러나 1953년, 소련의 이오시프 스탈린(Iosif Vissarionovich Stalin : 1879~1953)이 사망하자 개혁과 자주의 바람이 일어났다. 이는 1968년 알렉산더 두브체크(Alexander Dubcek : 1921~1992)가 이끈 '프라하의 봄'에 절정을 이루었으나 소련군의 침공으로 자유화는 중단되었다.

그러나 미하일 고르바초프(Mikhail Sergeyevich Gorbachyev : 1931~)에 의해 소련의 개혁이 추진되면서, 민주화를 위한 시위가 다시 전국에서 일어났다. 이때 체코의 극작가이면서 반체제 운동가인 바츨라프 하벨(Václav Havel : 1936~2011)은 1989년에 벨벳 혁명(무혈 혁명)을 이끌어 공산 정권을 붕괴시켰다.

1936년 프라하의 유명한 사업가 집안에서 태어난 하벨은 1948년에 공산주의 쿠데타가 일어나 초등학교 이후 교육을 제대로 받을 수 없었다. 그래서 1951년에 김나지움 야간 과정에 입학하여 공부하였고, 군 복무를 마친 후에는 극장에서 전기 기사 겸 비서로 일했다. 이후 음악 및 극예술 아카데미의 연극학과에서 극작술을 공부하며 연극에 관한 많은 논문을 썼다. 1964년 첫 작품 「정원 파티Zahradní slavnost」를 통해 국제적인 명성을 얻었는데, 이 작품은 공적인 생활과 개인 생활의 기계적인 관계에 대한 신랄한 풍자를 가하고 있다는 평가를 받았다.

그 후 1968년 프라하의 봄 사건 동안 독립 작가 클럽과 앙가주망 비당원 클럽에서 활동하면서 정치적 탄압에 맞섰다. 이 저항 운동은 그가 1977년 1월 77헌장 발기인 가운데 한 명으로 참여하면서 절정에 달하였다. 그러나 이때 하벨은 징역 5년형을 선고받고 수감되었다. 그 뒤

1989년에 벨벳 혁명을 이끈 것이다.

당시 프라하의 시위 풍경은 자못 낭만적이기도 했다. 시내 한복판 바츨라프 광장에서는 시민들이 가두 시위를 벌이고 있었는데, 시민들은 진압 경찰에게 꽃을 건네주면서 방패를 내려놓으라고 설득했다. 진압 경찰 자신들도 조국의 아들로서 조국의 민주화가 무엇을 의미하는지 알고 있었기에, 그들은 방패를 내려놓으며 하나둘씩 꽃을 받아들고 시위대와 합류하기도 했다.

하벨은 이런 분위기에 힘입어 1989년 11월에 '시민 포럼'을 결성하고 '벨벳 혁명'이라는 무혈 혁명을 완수하였다. 그리고 그해 12월 29일에 최초의 비공산당 출신의 체코슬로바키아 대통령이 되었다. 그리고 1993년 1월 1일 체코와 슬로바키아가 독립국으로 분리되면서, 하벨은 1993년 1월 말에 실시된 선거에서 체코 대통령으로 당선되었다. 1998년에도 대통령에 재선되어 2003년 2월까지 대통령직을 수행하였다.

그는 두 번의 대통령 재임 기간 동안 체코를 민주주의 체제를 전환시켰으며, 북대서양 조약 기구NATO에도 가입해 자신의 평화주의 입장을 수정하기도 하였다. 하지만 취임하자마자 죄수들을 사면하고 사형제를 폐지한 것에 대해서는 일부 반발을 샀다.

2011년 75세를 일기로 사망하였다.

* **1968년 1월 5일 '프라하의 봄' 참조**

* **1968년 6월 27일 '체코 자유파 인사 70인, 2,000어 선언 발표' 참조**

1890년 12월 29일

미국 운디드니에서 인디언 학살 사건 발생

1848년 미국 캘리포니아에서 황금이 발견되었다. 그러자 일확천금을 꿈꾸는 사람들이 서부로 이주하기 시작했다. 백인들은 북아메리카 대륙의 원주민인 인디언들을 몰아내며 자신들의 터전을 일구었다. 인디언들은 완강하게 저항했으나 자신들의 영토는 점점 줄어들 뿐이었다. 심지어는 백인들이 지정한 '보호 구역'으로 쫓겨 가는 운명에까지 처하게 되었다.

실의에 빠진 인디언들은 종교에 빠져들기 시작했다. 특히 1888년 파이우트족 예언가인 워보카가 '유령의 춤Ghost Dance'이라는 종교 운동을 일으키자 이에 적극적으로 참여하였다. 종말이 오면 유령의 춤을 춘 인디언만이 하늘로 올라갔다가 다시 살아남아 새 세상을 연다는 내용이었다.

그러나 이러한 인디언들의 움직임은 백인들에게 불안감을 심어 주었다. 세력이 커지면 자신들에게 어떤 형태로 파장을 미칠지 모르기 때문이었다. 결국 연방정부군이 출동하여 이 의식을 중단시키는 사태에까지 이르렀다. 인디언들은 연방정부군에게 투항하는 수밖에 다른 방법이 없었다.

무장을 해제당한 인디언들은 운디드니 강가에서 야영을 했다. 이때 연방정부군 병사 한 명이 실수로 총을 맞고 사망하는 사건이 일어났다. 그러자 연방정부군은 이 사건을 확대시켜 이튿날부터 인디언들을 무참히 살해하기 시작하였다. 남녀노소를 가리지 않는 살육으로 모두 200여 명이 참극을 맞았다. 1890년 12월 29일의 일이었다. 이 사건으로 북아메리카에서 인디언들의 저항은 사실상 끝이 났다.

* 1876년 6월 25일 '미국 제7기병대, 인디언에게 전멸당하다' 참조

1848년 12월 29일

미국, 백악관에 가스등 설치

1789년 영국의 발명가 윌리엄 머독(William Murdock : 1754~1839)은 석탄이 탈 때 배출되는 가스가 점화될 수 있고 일정한 양의 빛을 지속시킨다는 사실을 발견하였다. 이를 통해 머독은 석탄가스를 연료로 하는 가스등을 처음으로 발명하였다.

이후 19세기 초부터 런던, 파리, 베를린 등에서 가스등 사업이 시작되었고, 이에 따라 촛불, 등유를 이용한 램프보다 가격이 저렴한 가스등은 빠른 속도로 확산됐다. 1848년 12월 29일에는 미국 대통령 집무실인 백악관에 가스등이 처음으로 설치되었다.

가로등은 유럽의 도시를 한층 안전하게 만들었을 뿐만 아니라, 상류층의 독서 인구를 늘리는 데에도 한몫하였다. 반면에 공장 근로자들은 더 오랫동안 일해야만 하였다.

20세기 들어 미국의 토머스 에디슨(Thomas Alva Edison : 1847~1931)이 발명한 백열전구를 사용하게 되면서 가스등은 급속히 사라졌다.

12월의
모든 역사

12월 30일

■
.
■

1922년 12월 30일

소비에트 사회주의 공화국 연방이 수립되다

"율법에 따른 풍족한 삶, 아담과 이브가 주셨나니, 역사의 야윈 말을 죽음으로 몰아, 좌左로! 좌로! 좌로!"

-러시아의 시인 마야코프스키

볼셰비키 정부는 1917년에 러시아 혁명을 성공시켰지만 쉽게 권력을 잡을 수는 없었다. 러시아의 각 지역 군사 지도자들과의 여러 차례 내전을 치러야 했고, 연합국의 간섭도 물리쳐야 했다.

이때 블라디미르 레닌(Vladimir Il'ich Lenin : 1870~1924)은 탁월한 혁명 전략가답게 자신의 능력을 유감없이 발휘했다. 그는 자신을 위한 어떤 특권도 요구할 생각이 없었다. 자유 토론을 통해 혁명 과정에서 나타나는 고통과 어려움을 솔직하게 말해 인민들로부터 신뢰를 받았다. 크렘린 궁전에 머물기는 했지만 수도승처럼 살았고 노동자들이 입는 평범한 옷을 입고 다녔다.

하지만 제정 러시아 시절의 지주와 자본가들은 자기의 재산이 혁명 세력에게 넘어가는 것을 가만히 보고만 있지 않았다. 볼셰비키에 대항하여 지주, 자본가, 멘셰비키, 농민이 포함된 백군들이 들고 일어났다. 게다가 영국 · 프랑스 · 미국은 반反혁명 세력을 돕기 위해 원정군을 보내기도 했다. 그러나 레닌의 동지였던 레온 트로츠키(Leon Trotskii : 1879~1940)는 러시아 인민들에게 반혁명 세력과 싸울 것을 호소하여 이들을 몰아낼 수 있었다.

러시아에서 내전이 끝나가던 1920년 무렵에 옛 러시아 제국은 크게 세 부분으로 나뉘고 있었다. 러시아의 볼셰비키 정부는 1918년 3월 당의 이름을 러시아 공산당이라 고치고 비러시아계 소수민족들을 끌어안으려고 했다. 독일이 침략했던 폴란드, 리투아니아, 라트비아, 에스토니아 등 발트 3국은 러시아에서 완전히 떨어져 나갔다. 또한 우크라이나, 벨로루시, 아제르바이잔 등 8개 공화국은 러시아와 협력하면서 우호적인 외교관계를 유지하였다.

이후 1922년에 러시아를 중심으로 한 여러 공화국들 간의 공존과 호

혜평등의 경제 협력체가 형성되기 시작했다. 그러자 레닌은 모든 공화국이 자유롭고 동등하게 연방에 가입할 수 있다는 소비에트 연방 구성안을 내놓았다. 그 결과, 그해 12월 23일 러시아 연방공화국과 우크라이나·벨로루시·자카프카지예 소비에트 연방(아제르바이잔, 아르메니아, 그루지야)이 통합하는 것을 합의하였다. 그리고 드디어 12월 30일에 이들 4개국의 대의원들이 모며 '소비에트 사회주의 공화국 연방'의 수립을 선언하였다.

이후 1925년에는 우즈베크공화국과 투르크멘공화국이 연방에 합류했고, 1940년에는 독·소 밀약에 의해 발트 3국과 몰다비아 등이 편입돼 점차 15개 공화국으로 확대되었다.

하지만 1985년 미하일 고르바초프(Mikhail Sergeyevich Gorbachyev : 1931~)가 공산당 서기장으로 취임하면서 페레스트로이카(개혁)를 시도하여 소비에트 연방은 몰락의 길을 걷기 시작하였다.

1991년 공산당 보수파의 쿠데타 실패와 독립국가연합CIS 창설, 고르바초프의 사임 등이 잇달아 일어나면서 인류 최초의 공산 국가 소비에트 연방은 69년 만에 역사 속으로 사라졌다.

—

2006년 12월 30일

이라크 전 대통령 후세인 사형 집행

—

2006년 12월 30일 정오경, 이라크에서 시아파 주민을 대량 학살한 혐의로 사형 선고를 받았던 사담 후세인(Saddam Hussein : 1937~2006) 전 이라크 대통령이 교수형에 처해졌다. 이라크 수도 바그다드 북부 카다미야 지역의 전 정보부 건물에서였다.

판결에서 사형 집행까지의 과정은 이례적으로 신속했다. 확정 판결을 받은 지 불과 나흘 만이었고, 이라크 형법이 사형을 금지한 만 70세를 불과 4개월 앞둔 시점이었다.

1937년 티그리스 강 유역의 티크리트 지방에서 태어난 후세인은 바그다드 대학교를 졸업하고 1957년 바트당에 가입했다. 1968년에는 하산 알 바르크가 일으킨 쿠데타에 가담하였으며 혁명평의회 부의장을 맡았다. 1979년 바르크가 신병 때문에 대통령직을 사임하자 후세인은 그의 뒤를 이어 최고 권좌에 올랐다.

후세인은 1979년부터 2003년 3월까지 20여 년간 이라크 취고 권력자로 있으면서 독재 정치를 펼쳤다. 이 기간 동안 세 번의 전쟁을 했으며 쿠르드족을 대량 학살하기도 했다.

후세인은 집권 초반에는 미국의 지원을 받았으나 후반기에는 적대적으로 돌아섰다. 그러다가 2003년 4월 미국의 침공으로 권좌에서 축출되었으며, 그해 12월 고향의 한 농가에 은신 중에 체포되었다.

후세인은 체포 즉시 반인도주의 범죄 혐의로 기소되었다. 그리고 이라크 법원은 2006년 12월 26일 후세인에 대한 사형을 최종 확정했고, 이날 교수형이 집행된 것이다. 후세인의 시신은 고향인 이라크 북부 티크리트 부근에 매장되었다.

 * 2003년 3월 20일 '미국, 이라크를 침공하다' 참조

1947년 12월 30일

유럽의 루마니아, 공화국 선언

유럽의 남동부에 있는 루마니아는 19세기까지 오스만 제국의 간접 지배 아래 있었다. 그러나 유럽의 혁명 운동이 루마니아에 전해지면서 민족주의 운동이 일어났고, 1877년 러시아와 오스만 제국 전쟁 후에 맺어진 베를린 조약으로 독립을 인정받았다.

그 후 내란과 러시아 혁명의 영향으로 정치적인 혼란이 계속되었다. 제2차 세계 대전에서 독일 측에 가담하였다 1944년 소련의 침공으로 점령당하였다. 1945년 공산당의 주도로 인민정권을 탄생시켰고, 1947년 12월 30일에 군주제를 폐지하고 공화국을 수립하였다.

1927년 12월 30일

일본 최초의 지하철 개통

1927년 12월 30일, 일본 최초의 지하철이 개통되었다. 오늘날 긴자선銀座線으로 부르는 도쿄 우에노上野에서 아사쿠사淺草에 이르는 2.2km 노선이었다. 이 노선은 도쿄 지하철 주식회사가 1924년에 착공하여 1927년에 완공한 것이다. 당시 불과 5분도 안 되는 구간이었지만, 일부러 지하철을 타기 위해 첫날 10만 명의 사람들이 모였다. 이후 일본 지하철은 일본 전역에 설치되어 시내 이동 수단으로 많이 이용되고 있다.

12월의
모든 역사

12월 31일

■
·
■

1897년 12월 31일

디젤엔진이 발명되다

루돌프 디젤은 1897년에 엔진을 만들었으나 적당한 이름이 없어 고민하고 있었다. '열 엔진' '고압 엔진' '검은 여왕'이라고 불렀으나 마음에 들지 않았다.

그 고민을 알고 있던 그의 아내 마사가 "당신이 발명했으니 이왕이면 당신 성을 따서 '디젤엔진'이라고 부르면 이때요?"라고 제의하였다.

이때부터 이 엔진은 디젤엔진이라고 불리기 시작하였다.

루돌프 디젤(Rudolph Diesel : 1858~1913)은 1858년 프랑스 파리에서 가방 공장을 운영하던 독일인 부모 밑에서 태어났다. 그는 뮌헨 대학교 공과 대학을 졸업하고, 냉동 장치에 대해 연구하던 카를 폰 린데(Carl Paul Gottfried von Linde : 1842~1934) 교수의 조수를 거쳐 파리 냉동기 회사에서 기사로 일했다.

1840년 영국의 클라크는 가솔린엔진을 고안하였는데, 휘발유를 연료로 사용하였다. 하지만 이 엔진은 연료가 가진 열의 10%밖에 유용한 에너지로 변환시켜 주지 못하는 단점이 있었다. 그래서 디젤은 에너지 낭비가 적은 내연 기관 개발에 고민하기 시작하였다. 1893년에 출간한 『합리적 열 기관의 원리』를 통해 에너지 전환이 높은 엔진의 가능성을 타진하였다.

그리고 디젤은 1897년 12월 31일 자신의 이름을 딴 최초의 실용적인 엔진을 개발했다. 높이 2m가 넘는 이 대형 엔진은 17.8마력의 힘에 열효율이 26.2%에 이르렀다. '디젤엔진'이라고 이름 붙인 이 특허 기술은 에너지 효율이 높아 폭발적인 인기를 끌었다. 디젤엔진의 작동 원리는 다음과 같다.

실린더 내부에서 공기를 고온으로 압축한다. 압축 행정이 이루어진 실린더 내부로 경유나 중유를 분사하면 자연 발화를 일으켜 점화가 된다. 이때 시작되는 연소와 팽창은 피스톤을 움직여, 디젤기관을 가동하게 만든다.

디젤엔진과 가솔린엔진이 에너지 효율 차이가 나는 가장 큰 이유는 폭발 방식 때문이다. 가솔린엔진은 공기와 연료를 섞은 혼합기에 점화 장치가 불꽃을 터뜨려 폭발시키는 데 비해 디젤엔진은 고압에서 연료를 압축해 자체 폭발을 유도하는 것이다. 이것은 폭발이 사방으로 퍼지는 효과로 나타나 연료의 연소율을 높아지게 한다.

또한 디젤엔진은 휘발유를 연료로 사용하는 가솔린엔진에 비해 저렴한 중유나 경유 등의 연료를 사용할 수 있고, 연소의 시작부터 끝까지 일정한 압력을 유지해 힘이 좋다는 장점이 있다. 반면에 고온·고압을 견뎌야 하므로 소음이 크고, 대기 오염 물질을 방출시키는 단점이 있다.

그래서 가솔린엔진은 진동과 소음이 적어서 승용차의 엔진으로 사용되고, 디젤엔진은 가정용 SUV에 주로 사용된다.

하지만 이후 디젤엔진은 단점을 보완해 대형 선박은 물론 화물트럭을 비롯한 대형 자동차와 기관차 등에 두루 사용되고 있다.

한편 디젤은 1913년 9월 29일 영국행 증기선을 타고 도버 해협을 건너던 중 실종되어 10일 후 네덜란드 선원들에 의해 북해에서 시체로 발견되었다.

* 1858년 3월 18일 '독일 발명가 디젤 태어나다' 참조
* 1913년 9월 29일 '디젤 기관 발명가 디젤 실종 사건 발생' 참조

1904년 12월 31일

미국 뉴욕에서 신년 전야제 행사가 시작되다

1904년 「뉴욕타임스」 발행인 아돌프 오크스는 사옥을 매입했다. 그는 회사 이전식을 색다르게 열기 위한 방안을 찾다가 신년맞이 행사를 열기로 했다.

드디어 1904년 12월 31일, 뉴욕 맨해튼 42번가 롱에이크 스퀘어에서
는 수많은 폭죽이 발사되면서 밤하늘을 화려하게 물들였다. 이 행사를
보기 위해 수없이 몰려든 군중들은 누가 먼저랄 것도 없이 주위 사람들
에게 새해 인사를 나누었다. 그 후 이 행사는 매년 이어졌으며 광장의
이름도 타임 스퀘어로 바뀌었다.

그러나 이 행사는 1907년에 중단 위기를 맞게 된다. 뉴욕시 당국이
화재를 우려해 폭죽 사용을 금지했기 때문이다. 이때 새로운 아이디어
가 등장했다. 지름 3.6m, 무게 5400kg의 크리스털 전구를 떨어뜨리는
것이었다.

드디어 1월 1일 0시 정각, 2,668개의 크리스털로 장식되고 3만 2,256
개의 LED 조명이 설치된 전구가 타임스 스퀘어의 한 건물 옥상으로부
터 서서히 떨어지며 새해를 알렸다. 이 전구의 떨어지는 속도에 따라
카운트다운이 시작되었고, 모여든 사람들은 전구가 지면에 닿는 순간
환호성을 지르며 소원을 빌었다.

이후 뉴욕의 신년맞이 행사는 명물로 자리 잡았다. 해마다 100만 명
이 넘는 사람들이 이 행사를 보기 위해 뉴욕을 찾을 정도이다.

1936년 12월 31일

스페인 작가 미겔 데 우나무노 사망

"내게 '인간적'이라는 말은 '인간성'이라는 말만큼이라 의심스럽다. '인간
적'이거나 '인간성'이라는 것은 전부 애매한 말이다. 구체성을 띤 명사는
오직 하나뿐이다. 즉, '인간'이라는 말이다. 살과 뼈를 가지고 있는 인간이

라는 말뿐이다"

-우나무노, 『생의 비극적 의미』

미겔 데 우나무노(Miguel de Unamuno : 1864~1936)는 스페인의 실존주의 작가이다. 스페인의 정체성 확립과 정신적 근대화를 주장한 '1898 세대The Generation of 1898'를 대표하는 작가로 평가받는다. '1898'은 1898년 미국과 벌인 '미국-스페인 전쟁'에서 스페인이 패배하여 마지막 식민지인 쿠바·푸에르토리코·필리핀을 잃은 상황을 빗댄 것이다. 당시 스페인의 문학가들은 패배한 조국의 새로운 정체성 확립과 정신적 근대화를 주제로 하여 글을 썼다.

당시 스페인은 왕위 계승 전쟁, 군부 쿠데타 등으로 쇠퇴의 길에 있었다. 특히 미국-스페인 전쟁에서의 패배는 스페인의 국민들에게 정신적 타격을 주었고 '1898 세대'가 등장한 계기가 되었다. 이들은 스페인의 역사와 정치를 새로운 시각으로 이해하려 하였다. 문학가들은 수사적이고 장대한 문장을 버리고 짧고, 간결하며, 구체적인 표현을 추구하였다.

이 중 우나무노는 '1898 세대'의 사상적 지도자로 평가받고 있다. 그는 당시 스페인 사람들이 '졸고 있는' 정신 상태에 있다고 판단하고, 스페인 사람들을 선동하고 불안하게 만들어 정신적으로 나약한 그들을 깨우치려고 하였다. 그는 소설이나 수필 등과 같은 작품들 속에서 삶의 본질적 문제들에 관심을 가졌다.

사람은 얼마나 이상한 동물인가. 사람이라는 존재는 어떤 물건에 이름을 붙이자마자 그 물건을 못 보고 들리는 이름이나 쓴 이름표나 볼 뿐이다.

언어는 거짓말을 하거나 없는 것을 발명하고 혼동시킬 뿐이다.

우나무노는 문학가일 뿐만 아니라 프리모 데 리베라(Miguel Primo de Rivera : 1870~1930) 장군의 독재 정권에 대항한 지식인이기도 했다.

우나무노는 1864년 스페인 빌바오에서 바스크 계통의 부모 사이에 태어났으며, 마드리드 대학에서 철학과 문학으로 박사학위를 받았다. 1891년에 살라만카 대학교의 그리스어 및 문학교수가 되어 학생들을 가르쳤으며 1901년에 이 대학의 총장이 되었다. 그리고 '1898 세대'의 작가로 활동하면서 '남유럽의 키에르케고르'라는 세계적인 명성을 얻었다. 또한 어떠한 정당에도 소속되지 않고 여러 신문들과 잡지들을 통해 스페인의 정치 제도와 정치인들을 비판하였다.

1924년에는 리베라 독재 정권을 비판하다가 푸에르테벤투라 섬으로 추방당하기도 하였으나, 독재 정권이 무너지자 1930년에 국민적 환영을 받으며 돌아왔다. 그러나 프랑코 군부 세력을 비판하다 가택연금을 당한 후 1936년 12월 31일 심장병으로 죽었다.

주요 저서로는 『돈키호테와 산초의 생애』 『생의 비극적 의미』와 소설인 『안개』, 시집인 『벨라스케스의 예수』 등이 있다.

—

1805년 12월 31일

나폴레옹 1세, 혁명력 폐지

—

유럽에서는 부활절 계산 문제로 1582년에 그레고리력이 채택되었다. 하지만 프랑스 혁명 후 국민공회는 기독교 중심적인 세계관에서 벗어나 보다 과학적인 역법을 도입하기로 하고, 1793년에 혁명력을 발표하였다.

혁명력은 고대 이집트력에 바탕을 두고 있으며 10진법으로 시간을 통일시키려고 하였다. 즉 한 달은 30일로, 1년은 12달로 잡았다. 이렇게 되면 360일이 되므로 나머지 5일은 연말에 두어 휴일로 정했다. 윤년에는 6일이 되는 것이다.

그리고 한 달을 상 · 중 · 하 10일씩 구분하여, 9일을 평일로 1일을 휴일로 정했다. 또한 하루는 24시간이 아닌 10시간으로, 1시간은 60분이 아닌 100분으로, 1분은 100초로 정했다.

기원은 공화국이 선포된 날이자 춘분인 1792년 9월 22일로 정해졌다. 그리고 그때까지 쓰이던 달의 이름과 성인 축일의 이름은 새 공화국에 어울리지 않는다고 하여 폐기되고, 농사와 기후 조건, 광물, 식물, 동물 등에 바탕을 둔 새 이름이 도입되었다.

혁명력은 이듬해인 1793년 11월 24일부터 사용되었으나 나폴레옹 1세(Napoléon I : 1769~1821)는 1805년 12월 31일자로 폐지하였다. 혁명력을 따른 후 휴일이 줄어들자 노동자들이 반발했기 때문이었다.

그래서 1806년부터는 다시 그레고리력으로 되돌아갔다.

* 1582년 10월 15일 '유럽에서 그레고리 역법이 실시되다' 참조

—

1999년 12월 31일

러시아 옐친 대통령 사임

—

러시아 대통령 보리스 옐친(Boris Nikolaevich Yeltsin : 1931~2007)은 시장 개혁 실패, 보수파와의 대립, 독립국가연합cIs과의 갈등 등으로 국민 지지율 1%라는 궁지에 몰리게 되었다. 결국 그는 대선을 불과 6개월을 남겨둔 시점인 1999년 12월 31일 대통령직 사임 연설을 하였다.

"러시아는 결코 과거로 돌아가지 않고 언제나 앞으로 나아갈 것입니다. 내가 그 길에 방해가 되어서는 안 됩니다."

이것은 치밀한 정치적 계산의 결과였다. 거듭된 실정과 크렘린 안팎의 비리로 끊임없이 퇴임 후를 걱정해 온 옐친이 대권을 푸틴블라디미르 푸틴(Vladimir Vladimirovich Putin : 1952~) 총리에게 넘김으로써 자신의 퇴임 후 신변을 보장받았다는 것이다.

옐친은 1992년 1월 연방 대통령으로 정식 취임한 뒤 만 8년 동안 러시아를 통치해 왔다. 이후 총리인 푸틴이 직무 대행을 하였다. 그리고 이듬해 3월 푸틴은 대선에서 승리, 대통령에 당선되었다.

1600년 12월 31일

영국 동인도 회사 설립

16세기 말에 네덜란드는 인도 항로로 진출하여 향료 무역을 개시하였다. 이에 자극받은 영국 런던의 상인들은 1600년 12월 31일 동인도 회사를 설립하였다. 인도양과 동아시아의 모직물 시장과 향료를 획득하기 위해서였다. 엘리자베스 1세(Elizabeth I : 1533~1603)도 특별히 칙허장을 주어 동인도 회사는 무역 독점권까지 얻었다.

이후 동인도 회사는 영국 정부의 대리인 역할을 자처했다. 인도 벵골 지방의 징세권을 장악하는가 하면 청나라에 아편을 판매하는 권력을 휘둘렀다. 나중에는 용병까지 고용해 세력을 확장시켰다.

그러나 1857년에 동인도 회사의 용병인 세포이들이 반란을 일으킨 세포이 항쟁이 발발하였다. 이후 영국은 인도를 직접 지배하기 위하여 동인도 회사를 폐지하였다.

* 1773년 12월 16일 '보스턴 차 사건이 발생하다' 참조
* 1857년 5월 10일 '인도, 세포이 항쟁이 발발하다' 참조

12월의 모든 역사_세계사

초판 1쇄 인쇄 2012년 12월 1일
초판 1쇄 발행 2012년 12월 5일

지은이 이종하

펴낸이 김연홍
펴낸곳 디오네

출판등록 2004년 3월 18일 제313-2004-00071호
주소 121-865 서울시 마포구 연남동 224-57
전화 02-334-7147 **팩스** 02-334-2068
주문처 아라크네 02-334-3887

ISBN 978-89-98241-06-3 03900